CONTEMPORARY
MACROECONOMICS

コンテンポラリー
マクロ経済学

小淵洋一・大水善寛

編著

江良 亮・野口憲一・庭田文近
栁下正和・孫根志華

著

中央経済社

はしがき

　日本経済は，21世紀を目の前にした1980年代後半からのバブル，1990年のその崩壊と2000年まで長期的な停滞を経験し，それは「失われた10年」ともいわれた。2001年以降，日本経済は戦後最長ともなる景気回復を続けた。多くの人々は，このような経済変動によって大きな影響を受けている。

　本書は，そのような経済変動にともなって生起する経済問題を理解し，考えたりするに際して必要となるマクロ経済学を取りあげ解説したものである。

　特に，マクロ経済学においては，1980年代後半の「新しいマクロ経済学」登場によって大きな変化がみられる。新しいマクロ経済学は，マクロ経済学のミクロ的な基礎づけ，つまりミクロ経済学の消費者の効用の最大化，企業の利潤の最大化にもとづいて構築されなければならないとする経済学である。

　この点で大きな役割を果たしたのが，ノーベル経済学賞受賞者でもあるロバート・ルーカスで，彼はそれまでのマクロ経済学の中心でもあったケインズ理論の方法論，さらにはそれまでの伝統的なマクロ経済学の方法論を批判し，ミクロ経済学的な基礎を持ったマクロ経済学を構築したのである。

　それゆえ，現在では，ミクロ経済学とマクロ経済学の区分は，方法論の上では難しくなっているが，本書では新しいマクロ経済学の基礎となっている伝統的なマクロ経済学に関する主要な理論を説明するとともに，新しいマクロ経済学とそれに関する主要な新しい理論を説明する。

　特に，そのような新しい理論は，経済成長の理論と景気循環の理論にみられるが，ここではその代表的な理論を紹介する。最終章では，新しいマクロ経済学の登場も踏まえて，経済学説的にマクロ経済学の発展について鳥瞰する。

　説明は，文章自体をわかり易く表現すると同時に，図表，具体的な事例，数値例を用いてできる限り理解し易くするように努めたつもりである。また，各章の最初に「キーワード」を設け，各章の重要事項を整理するとともに，本文の重要な用語や事項については太字で示している。

本書の構成は，大きくは第1章から第8章の基礎編と第9章から第15章の応用編の15章からなっている。本書は，城西大学の専任教員4名と非常勤講師2名，城西国際大学の専任教員1名，の7名が執筆を担当している。各執筆者は，経済学の専門分野は異にするが，長年経済学の授業を担当している経験豊富なエキスパートであり，「痒いところに手の届いた」説明に努めている。今回，本書の制作に当たって，城西大学経済学部客員教授の大水善寛先生には企画段階から最終的なチェックまでその中心となって，多大なご尽力をいただいた。また，経営学部准教授の柳下正和先生には，図表のチェックや参考文献の整理など面倒な作業をしていただいた。ここに，両氏に対して感謝の意を表したい。

　最後に，本書の刊行に際して，急なお願いにもかかわらず快くお引き受けくださった中央経済社の編集長納見伸之氏に深く感謝するとともに，編集と校正の労をとってくださった中央経済社の方々に深く御礼申し上げる。

2016年6月

　　　　　　　　　　　　　　　　　　　　　　　城西大学研究室にて

　　　　　　　　　　　　　　　　　　　　　　　　　　小淵　洋一

目　次

はしがき　*i*

第1章／マクロ経済学とは　*1*

 1 マクロ経済学と新しいマクロ経済学　*2*
 2 マクロ経済学とケインズ理論　*4*
 3 マクロの一般均衡分析とIS-LM分析　*14*
 4 IS曲線，LM曲線と財政政策，金融政策　*17*

第2章／国民所得の概念　*19*

 1 SNA（国民経済計算）とは　*20*
 2 名目と実質の違い　*24*
 3 経済成長率と景気診断　*25*
 4 貯蓄と投資の恒等関係　*29*
 5 経済活動とGDPでは計れないもの　*30*

第3章／有効需要の原理と国民所得の決定　*33*

 1 古典派とケインズ
  ―「有効需要の原理」の誕生までの過程　*35*
 2 総需要を構成する"消費"と"投資"　*37*
 3 財市場のマクロ均衡　*42*
 4 政府支出を加えるモデル
  ―"閉鎖体系"　*46*

第4章／乗数と消費関数 ……… *49*

    1 不況対策を巡る公共投資のあり方 ……… *51*
    2 さまざまな乗数 ……… *52*
    3 2つの政府支出乗数について ……… *56*
    4 総需要管理政策の役割 ……… *57*

第5章／生産物市場とIS ……… *59*

    1 貯蓄と投資による生産物市場の均衡 ……… *60*
    2 投資と利子率 ……… *63*
    3 IS曲線 ……… *66*

第6章／貨幣市場とLM ……… *69*

    1 資産市場の分析 ……… *70*
    2 利子率の決定 ……… *74*
    3 貨幣市場の分析 ……… *79*

第7章／IS-LMと財政・金融政策 ……… *83*

    1 生産物市場と貨幣市場の同時均衡分析 ……… *84*
    2 財政政策 ……… *89*
    3 金融政策 ……… *92*
    4 財政政策と金融政策の効果 ……… *96*

第8章／総需要と総供給 ……… *99*

    1 古典派の第一公準と第二公準 ……… *100*
    2 AD曲線の導出 ……… *102*

  3 AS 曲線 *103*
  4 デマンド・プル・インフレーションと
    コスト・プッシュ・インフレーション *105*

第9章／労働市場と物価水準 **107**

  1 労働市場の分析 *108*
  2 失業と失業率 *110*
  3 労働市場の動向 *115*
  4 物価と物価水準 *118*
  5 物価変動の要因 *121*

第10章／国際マクロ経済学 **127**

  1 国際マクロ経済学の分析モデル *128*
  2 国際経済の捉え方 *129*
  3 国際収支と国際金融危機 *135*
  4 為替相場変動のメカニズム *140*
  5 地域統合の時代 *144*

第11章／経済成長と景気循環 **149**

  1 経済成長・発展とその基本的要因 *150*
  2 ケインジアンの経済成長理論
    ——ハロッドの成長理論 *151*
  3 新古典派の経済成長理論 *159*
  4 新しい経済成長理論と内生的経済成長理論 *162*
  5 景気循環の理論 *164*

第12章／所得仮説 **171**

1 絶対所得仮説 ……………………………………… *172*
2 ライフサイクル仮説 ……………………………… *173*
3 恒常所得仮説 ……………………………………… *175*
4 相対所得仮説 ……………………………………… *177*
5 流動資産仮説 ……………………………………… *179*
6 ヴェブレン（衒示的）効果，依存効果 ………… *180*

第13章／投資決定論 **183**

1 マクロ経済における投資の種類と役割 ………… *184*
2 伝統的な投資理論 ………………………………… *185*
3 資本ストック調整原理を中心とした投資 ……… *189*
4 トービンのq理論 ………………………………… *191*
5 投資理論に関する留意点 ………………………… *192*

第14章／新しいマクロ経済学 **195**

1 期待形成と政策の効果 …………………………… *195*
2 長期で考えることの重要性 ……………………… *196*
3 ミクロ的基礎づけの必要性 ……………………… *198*
4 さらなる学習のために …………………………… *202*

第15章／マクロ経済学の鳥瞰 **205**

1 ケインズ派理論 …………………………………… *206*
2 ケインズ理論への批判 …………………………… *212*
3 マネタリズム ……………………………………… *213*

4　合理的期待形成学派 ································· 216
　　　5　サプライサイド・エコノミックス ················· 218

■参考文献　*221*
■索　　引　*225*

第 1 章

マクロ経済学とは

キーワード

- **セイの法則**
「供給はそれ自らの需要を創り出す（生み出す）」という法則で，古典派経済学の支柱であった理論である。この法則は，供給が需要を制約することを意味する。

- **有効需要の原理**
J.M.ケインズは，このセイの法則を否定し，「需要が供給を生み出す」という有効需要の原理を唱えた。この原理は，需要が供給を決定するという理論である。

- **消費関数**
所得と消費支出の関係を示した関数式で，ケインズは消費支出は所得の関数であると考えた。いま，消費支出を C，基礎消費を c_0，限界消費性向を c，所得を Y とすれば，消費関数は，$C = c_0 + cY$ となる。

- **流動性選好**（liquidity preference）
ケインズは，人々の現金に対する需要，すなわち人々の貨幣に対する需要を流動性選好と呼んだ。それは，取引動機，予備的動機，投機的動機という3つの独立した貨幣保有の動機にもとづくとしている。

- **IS－LM分析**
国民所得と利子率の同時的決定を説明した理論である。言い換えれば，この分析は，生産物市場と貨幣市場の両市場を考慮して，国民所得と利子率の同時的決定を考えた，いわゆる「マクロの一般均衡分析」である。

- **新しいマクロ経済学**
1980年代後半以降に展開されるようになった，ミクロ経済学的な基礎を持ったマクロ経済学で，その構築に大きな役割を果たしたのがロバート・ルーカスである。マクロ経済学のミクロ的基礎づけによって確立されたのが「新しいマクロ経済学」である。

1 マクロ経済学と新しいマクロ経済学

　経済学に限らず，ものの見方や観察の仕方には，マクロ的（巨視的）な方法とミクロ的（微視的）な方法の2つがあるが，経済学においても経済の動きを捉えるそのような2つの方法がある。その1つがマクロ経済学ないしマクロ経済分析で，もう1つがミクロ経済学ないしミクロ経済分析である。「木を見て森を見ず」ということに陥らないためにも，2つの経済学が必要なのである。

　まず，ミクロ経済学は，森を形づくっている個々の木に相当する個別経済主体（家計，企業，政府）の行動を分析することによって，経済の動きを捉えようとする経済学である。

　このミクロ経済学においては，家計の消費量や企業の生産量が価格を媒介として決定されることにもみられるように，価格関係を中心として経済全体の動きを捉えようとする**価格分析**（price analysis）が中心となる。それに対して，本書のマクロ経済学は，個々の木によって形づくられている森に相当する国民経済を分析の対象とし，国民所得，消費，投資などの集計量概念を用いて，国民経済の動きを捉えようとする経済学である。このマクロ経済学においては，国民所得を中心としてそれと密接な関係をもつ消費や投資などの経済諸量間の一般な相互関係を分析することによって，経済の動きを鳥瞰図的に捉えようとする**国民所得分析**（national income analysis）が中心となる。この国民所得分析の中核をなすのが，第3章とこの後登場するケインズの有効需要の原理である。このように，ミクロ経済学とマクロ経済学は，分析対象も分析方法も異にするが，いずれも経済の動きを捉えようとする経済学である。

　ミクロ経済学，マクロ経済学は，どのような経済問題に解答を与えうるか，つまり両者の守備範囲はどのような経済問題になるのであろうか。まず，ミクロ経済学は，家計の消費や企業の生産がいかにして決定されるか，財・サービスおよび生産要素（労働，資本，土地）の価格がいかに決定されるか，さらには限られた生産資源を最も効率的に配分するにはどうすればよいか，などの問題に解答を与えてくれる。また，それは市場機構ないし価格メカニズムの限界が明らかにされるにつれ，混雑や公害などに代表される現代の重要な経済問題

を理解し，その解決策を考える手がかりを与えてくれる。このように，家計の消費量や企業の生産量の決定，個々の財・サービスの価格の決定，3つの生産要素の価格である賃金・利子・地代の決定，生産資源の効率的配分，さらには市場の失敗などの問題は，このミクロ経済学の守備範囲となる。

　それでは，マクロ経済学は，どのような経済問題を守備範囲とするのであろうか。その守備範囲は，物価，失業，景気変動，経済成長，国際収支，国際通貨などといった問題となる。マクロ経済学は，国民経済全体の活動水準の決定とその変動メカニズムを明らかにすることによって，それらの問題を理解する手がかりを与えてくれる。また，経済政策の目標は，物価の安定，完全雇用の達成，経済成長の促進，国際収支の均衡などであるが，そのような諸目標の間にはどのような関係があるか，それらの目標を実現するための政策手段にはどのようなものがあるか，さらにはその政策手段にはどの程度の効果があるか，などの問題に解答を与えてくれる。

　ところで，このようなミクロ経済学とマクロ経済学の区分は，現在方法論の上では難しくなっている。それは，第13章で取りあげる新しいマクロ経済学が進展しているからである。この新しいマクロ経済学は，マクロ経済学は『アトラス経済学入門』の第5章，第6章で取りあげたミクロ経済学の消費者の効用最大化，企業の利潤の最大化にもとづいて構築されなければならないという考え方を採る経済学である。このようなミクロ経済学的な基礎を持ったマクロ経済学の構築に大きな役割を果たしたのが，1995年ノーベル経済学賞を受賞した**ロバート・ルーカス**である。ルーカスは，この後本書でも取りあげるケインズ理論の方法論，さらにはそれまでの伝統的なマクロ経済学の方法論を批判し，経済主体が抱く期待の果たす役割を重視したのである。このようなマクロ経済学のミクロ的基礎づけによって確立された**新しいマクロ経済学**は，「新しい古典派のマクロ経済学」とも呼ばれる。

　この後取りあげるが，**セイの法則**を受容する古典派とその法則を否定したケインズないしケインジアンという区分は，新しい古典派とニュー・ケインジアンの両派がマクロ経済学においてミクロ的な基礎が必要であり，経済主体の期待が果たす役割が大きいことを認めていることからすると，現在ではほとんど意味を持たなくなっている。さらに言えば，現在ではマクロ経済学，特に新し

いマクロ経済学においてはそのようなミクロ経済学的な基礎が用いられているから，前述のようなミクロ経済学とマクロ経済学の区分を方法論上厳格にすることは難しくなってきているのである。

2 マクロ経済学とケインズ理論

1　ケインズ理論と有効需要の原理

　まず，マクロ経済学の中心は国民所得分析であり，その中核をなしているのがケインズの有効需要の原理である。そこでまず，有効需要の原理について概説しておこう。

　ケインズの**有効需要の原理**は，19世紀の正統派経済学を批判したものであり，さらにいえば古典派経済学の支柱であった，**「供給はそれ自らの需要を創り出す」**というセイの法則を否定したものである。セイの法則は，ケインズ以前の古典派経済学において長く生き続けた考え方である。それは，もっとわかり易くいえば100の供給は100の需要を生み出すということであり，企業が生産した生産物はすべて売れているということであり，売れ残りは出てこないのである。供給はそれ自らの需要を生み出すということは，供給が需要を制約するということである。言い換えれば，それは社会全体の総供給が恒常的に総需要に一致していることを意味している。このセイの法則では，貨幣は売買取引の一手段にすぎず，それを貯蓄するとは考えられないから，それは必ず支出されるはずであるという考え方にもとづいている。しかし，貨幣は，売買取引の媒介手段としての機能だけでなく，一般的価値尺度としての機能など他の機能をも果たすことを考えれば，セイの法則は物々交換の経済では成立し得ても，現代のような貨幣経済のもとでは容易に成立し得ないであろう。というのは，貨幣経済の下では，供給が貨幣所得をもたらしたとしても，その一部は貯蓄されるから，貯蓄がすべて投資されない限り，その貨幣所得はすべて支出されることにはならないからである。要するに，セイの法則は，このような支出面を無視した考え方なのである。

ケインズは，そのようなセイの法則を否定し，有効需要の原理を唱えたのである。この原理は，セイの法則とは逆に需要が供給を生み出すということであり，さらにいえば需要が供給を決定するという理論である。セイの法則では無視された支出面についてであるが，貨幣所得の一部が貯蓄されると，それだけ消費量は減少し，それによって供給が影響されることになるのである。要するに，この有効需要の原理は，社会全体の総需要が総供給を決定することを明らかにしたものである。それは，ケインズ理論を図式化した**図1-1**でいえば有効需要が雇用量，国民所得を決定するということであり，有効需要（需要）が国民所得（供給）を決定するということであり，さらに国民所得の循環との関係でいえば支出国民所得（意図した支出）が生産国民所得（GDP）を決定するということである。

　このように，ケインズは，需要側が供給側を決定するという考え方を基本に据え，国民所得の大きさは有効需要，一般には総需要によって決定されるとし，国民所得の決定のイニシアティブは総需要にあるとしたのである。

2　ケインズ理論の概要

　ケインズ理論は，マクロ経済学，さらには新しいマクロ経済学において避けて通れない理論であり，その理論を図式化したのが**図1-1**である。この図は，かつて国家上級試験の教養問題で出題された図であるが，これはケインズ理論，ひいてはマクロ経済学，また **IS-LM分析** の理解や勉強に非常に役立つであろう。さらにいえば，この図を見ないで描けるようにしておけば，さまざまな問題の解答に際しても大いに役立つであろう。たとえば，ケインズのいう有効需要とは何か，消費関数とは，ケインズの利子率決定の理論である流動性選好理論，貨幣需要とは何かなどに関する問題には，図を思い出せば容易に答えることができるであろう。

　そこで，図を見ながらケインズ理論を概観しておこう。まず，いまもみた有効需要の原理にもとづく国民所得決定はケインズ理論の1つの柱であるが，有効需要の原理によれば国民所得（Y）は有効需要によって決定される。ケインズのいう**有効需要**とは，消費（C）と投資（I）を足した総需要のことである

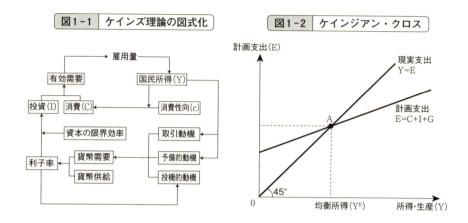

から,この総需要が国民所得（Y）を決定するというのがこの原理にもとづく国民所得決定の理論である。よくマクロの国民所得分析で,$Y=C+I$という式が登場するが,この式は総供給と総需要とが等しくなる（総供給＝総需要）というマクロの均衡条件式である。有効需要の原理は,右辺の総需要（$C+I$）が左辺の総供給（Y）を決定するという理論である。国民所得の決定メカニズムを図を用いて説明するに際して,45度線が用いられるが,この**45度線**は理論的には均衡条件式を満足した直線であり,所得と総需要とが常に一致していると想定した場合の直線なのである。図形的に45度線の素晴らしさは,縦軸の長さを横軸方向に示してくれることである。45度線の傾きは1で,縦軸の長さと横軸の長さが同じになるから,理論的には縦軸の消費と投資を足した総需要,つまり有効需要の大きさが決まれば,横軸の国民所得の水準が決定されることになる。さらに言えば,縦軸の有効需要が横軸の国民所得を決定することになるのである。この45度線を用いた有効需要の原理にもとづく国民所得決定のメカニズムについては,第3章で詳しく説明する。

　ところで,有効需要の原理にもとづく国民所得の決定理論で用いられる45度線の図は,新しいマクロ経済学を代表する一人でもある N. グレゴリー・マンキューによれば,つぎのように説明されている。その図は,**図1-2**のような**ケインジアン・クロス**（日本語訳ではケインジアンの交差図）として登場する

が，まずこの交差図を導き出すために現実支出と計画支出の区別がなされている。**現実支出**とは，家計，企業，政府の財・サービスに対する支出額のことであり，これは GDP に等しいとされる。**計画支出**とは，家計，企業，政府が財・サービスに対して支出したい額であるとされる。この両者が一致している場合，経済は均衡しているとされる。しかし，両者が一致しない場合があるが，それは企業の期待に反して売れ残りが生じると，在庫投資が必要となるからである。この在庫投資は，企業の販売が計画より少ない場合には増加し，逆にそれが計画より多い場合には減少する。したがって，現実支出は計画支出を上回ることもあれば下回ることもある。

まず，ケインジアン・クロス図の計画支出を示した右上がりの E 直線について説明しよう。計画支出の決定要因についてみると，閉鎖経済の場合，消費 C，計画投資 I，政府支出 G であり，それらを合計したものが計画支出 E となる。それを式で示すと，

$$E = C + I + G \tag{1}$$

となる。この(1)式で，まず消費は可処分所得に依存するものとすると，消費関数は，所得を Y，租税を T とすれば(2)式のようになる。

$$C = C(Y - T) \tag{2}$$

となる。つぎに，計画投資は外生的に与えられるものとすると，投資関数は(3)式のようになる。

$$I = I_0 \tag{3}$$

となる。さらに，財政支出 G も租税 T も一定であるとすれば，財政支出関数，租税関数はつぎの(4)，(5)式のようになる。すなわち，

$$G = G_0 \tag{4}$$

$$T = T_0 \tag{5}$$

いま，(1)式に(2)，(3)，(4)，(5)式を代入すると，

$$E = C(Y-T_0) + I_0 + G_0 \tag{6}$$

となる。この式は，**計画支出関数**と呼ばれ，計画支出は所得の関数となっている。それを図示したのが，**図1-3**の右上がりの直線である。この直線の傾きは，限界消費性向であり，それは$\frac{\varDelta E}{\varDelta Y}$のことである。なお，この(6)式は，先述のケインズのいう有効需要，つまり総需要を意味している。

つぎに，ケインジアン・クロス図の45度線について説明しよう。この最初にも述べたように現実支出と計画支出が一致している場合，経済は均衡していると仮定されるが，45度線はそのような現実支出＝計画支出という均衡条件を満足した点を集めた直線である。言い換えれば，この45度線上ではそのような均衡条件が満足されているのである。

このケインジアン・クロス図では，国民所得はどのように決定されるのであろうか。クロス図では，国民所得Yは，計画投資，政府支出，租税を所与とすると，上記の計画支出関数Eと45度線の交点A（均衡点）に対応してY0に決定される。この国民所得Y^Eは，現実支出＝計画支出という均衡条件を満足した均衡国民所得である。先のケインズの45度線分析では，均衡国民所得は有効需要によって決定されるが，このケインジアン・クロスでは計画支出によってそれは決定されるのである。

さて，ケインズの国民所得の決定理論では消費と投資とからなる有効需要がポイントとなるが，まずその一方の消費は国民所得に依存して決定される。その依存関係を示した式は，**消費関数**と呼ばれる。その依存の程度を示したのが消費性向で，図では消費関数の傾きに反映される。ケインズは，消費の大きさに影響を与える短期的な諸要因を分析し，そのなかで最も重要な要因は所得であるとし，消費は所得の関数であると考えたのである。いま，消費をC，基礎消費（これは所得に依存しない消費支出で，独立消費とも呼ばれる）をc_0，限界消費性向をc，所得をYとすれば，消費関数は(1)式のようになる。

$$C = c_0 + cY \tag{1}$$

この式は，ある一時点における所得と消費の関係を示した，短期の消費関数であり，数学的には中学校の数学で習った$y = ax + b$という一次関数式である。

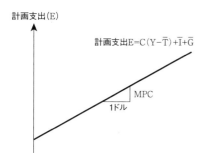

図1-3 所得の関数としての計画支出

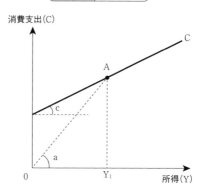

図1-4 消費関数

この(1)式を図示したのが，**図1-4**の傾きが c の右上がりの直線である。なお，消費関数の傾きを示す c は，限界消費性向と呼ばれる。一般に，所得が増加すると消費支出も増加するが，**限界消費性向**とは所得の増加分（ΔY）に占める消費支出の増加分（ΔC）の割合のことで，$\frac{\Delta C}{\Delta Y}$ のことである。(1)式は，消費は所得に依存しない消費支出（基礎消費）c_0 と所得の増加にともなって増加する消費支出（cY）とからなることを示している。この消費関数は，ケインズの**心理法則**と呼ばれる「消費支出は所得の増加ほど増加しない」ということを仮定している。以上のように，ケインズは，消費は所得の関数であると考えたが，このような消費関数の考え方は**絶対所得仮説**とも呼ばれる。

　この(1)式のような消費関数に関して興味深く，また問題にもされることがあるポイントをみておこう。この図から読み取れる興味深いことは，消費関数上のある点，図ではA点と原点を結んだ点線の傾き（a）は所得に占める消費支出の割合を示した**平均消費性向**であるが，それは所得が増えると次第に低下するということである。これは，所得が増えると，所得に占める消費支出の割合は低下し，所得に占める貯蓄の割合（平均貯蓄性向ないし貯蓄率）は上昇することを意味している。しかし，消費関数が原点を通る，$C=cY$ の場合には，そのようなことは言えない。

　図1-1に戻ると，有効需要はいまみてきたような消費と，投資とからなるが，ケインズは投資はどのように決定されると考えたのであろうか。図にみら

れるように，投資は貨幣市場における利子率と資本の限界効率との関係によって決定されると考えた。**資本の限界効率**という用語は，あまり聞き慣れない用語であるが，それは企業の予想収益率ないし予想利潤率のことである。いま，その資本の限界効率が利子率より高い場合には，企業は投資しても利益になるから，資本の限界効率と利子率が等しくなるまで投資は行われるとする。

さて，ケインズ理論のもう1つの柱は，図の左下に登場する利子率の決定理論である。ケインズは，利子率は貨幣需要と貨幣供給の関係によって決定されるという**流動性選好理論**を提唱した。まず，ケインズは，利子をどのように考えたのであろうか。一般には，利子は貨幣資本の使用に対して支払われる報酬のことであるが，ケインズは**利子**を貨幣のもつ便利さ，つまり貨幣の流動性を一定期間手放すことに対する報酬であると考えた。ケインズは，利子をどのように考えたかもポイントとなるので，しっかり理解しておこう。次に，流動性という用語は，よく貨幣の理論で登場するが，重要な用語である。**流動性**とは，何か欲しいものがあった場合，自らの持っているものを手離し，自らの欲するものを手にするときの便利さのことである。私たちは，今では貨幣さえ持っていれば，いつどこででも自らの欲するものを手にすることができるから，貨幣が最も流動性が高いといえる。このように，貨幣は，いつどこでも何とでも交換できるという便利さを持っているが，これが貨幣の貨幣たる本質である。

ケインズの利子率決定の理論は，流動性選好理論と呼ばれるが，それは図にみられるように利子率は貨幣需要と貨幣供給の関係で決定されるという理論である。ケインズは，**流動性選好**というテクニカルタームを用いるが，それは人々の現金に対する需要，すなわち貨幣に対する需要のことである。流動性選好，つまり貨幣需要は3つの独立した動機，すなわち①取引動機，②予備的動機，③投機的動機（資産保有動機）にもとづいて出てくるとしたのである。貨幣は，これら3つの動機に基づいて需要されるという考えはケインズの唱えたものでるが，それは現在でも通説となっているからしっかり理解しておこう。

まず，①の**取引動機**にもとづく現金に対する需要とは，家計にとっては所得動機，企業にとっては営業動機にもとづく現金に対する需要である。したがって，この動機にもとづく貨幣需要は，家計にとっては，たとえば月々の確定的な消費支出にあてるための現金に対する需要であり，企業にとっては月々の確定的

な営業支出にあてるためのそれである。

　次に，②の**予備的動機**にもとづく貨幣需要は，偶発的な貨幣需要に備えるためのものである。これには，よい場合と悪い場合がある。たとえば，よい場合には，家計であっても企業であっても予期しないより有利な購入の機会に出会うような場合がある。この予備的動機にもとづく貨幣需要は，そのような場合の支出に備えて一定額の現金の保有が必要になるということである。また悪い場合には，思いがけない不利ないし不運な事態に遭遇する場合で，たとえば家計であれば家族の誰かが怪我をしたり，交通事故にあったりした場合，そのためにも一定額の貨幣の保有が必要となる。

　さらに，③の**投機的動機**（資産保有動機）にもとづいても貨幣は需要される。すでに述べたように，貨幣のもつ流動性は高いから，人々は資産の一部を貨幣の形で保有しようとする。これは，家計にとっては，有価証券の売買のために現金が必要になる場合である。特に，この動機にもとづく現金に対する需要は，企業にとって重要な問題であり，企業者は市場の変動，物価の動向などを常に予測し，株式その他の有価証券の売買，資材の購入や商品の販売に迅速に対応しなければならないから，貨幣に対する需要が生ずるのである。

　さて，ケインズの利子率決定の理論である**流動性選好理論**について，式を用いて説明しておこう。ケインズによれば，すでに述べたように利子率は貨幣需要と貨幣供給の関係によって決定される。まず，貨幣需要，いまみた①と②にもとづく貨幣需要は，その性格からすると比較的安定的であり経常的であることから，ほぼ国民所得あるいは産出高に依存する。いま，この①と②にもとづく貨幣需要をL_1，国民所得をYとすれば，両者の関係を示した関数は(1)式のようになる。両者の依存関係は，Yが増加すれば$L1$も増加するという正の関係にあるから，$L1$はYの増加関数となる。

$$L_1 = L_1(Y) \tag{1}$$

　つぎに，③の投機的動機（資産保有動機）にもとづく貨幣需要は，利子率に関係があり，その動きに敏感に反応する。いま，利子率が上昇すれば，現金保有量は減少し，逆に利子率が低下すれば，現金保有量は増加する。このように，この動機にもとづく貨幣需要を$L2$，利子率をiとすれば，両者は負の関係に

あり，L_2 は利子率の減少関数となる。それを式で示したのが，(2)式である。

$$L_2 = L_2(i) \tag{2}$$

したがって，社会全体としての貨幣需要を L とすれば，それは，(1)+(2)となる。すなわち，

$$L = L_1 + L_2 = L_1(Y) + L_2(r) \tag{3}$$

となる。なお，この(3)は，つぎの(4)のような形の貨幣需要関数でも示される。

$$L = L(Y, r) \tag{4}$$

このように，ケインジアンの貨幣需要関数は，国民所得と利子率の関数として表され，その貨幣需要は上記の3つの動機にもとづいて出てくるとされる。なお，①と②の動機にもとづく貨幣需要と国民所得との依存関係，③の動機にもとづく貨幣需要と利子率の依存関係については，問題にもされるから，関数式を通じて理解しておこう。

さて，いま，貨幣供給量を M とすれば，貨幣需給方程式は，(4)式のようになる。

$$M = L_1(Y) + L_2(r) \tag{4}$$

この(4)式は，左辺の貨幣供給量と右辺の貨幣需要量が等しくなるという式である。ここで，国民所得 Y は短期的には一定の値をとるから，この(4)式から利子率は決定される。いま，Y が一定であるとすれば，**利子率**は貨幣需要量，つまりケインズのいう**流動性選好**と貨幣の供給量の関係で決定される。それを**図1-5**を使って説明すると，つぎのようになる。利子率と貨幣需要量の関係を示した右下がりの貨幣需要曲線，ケインズのいう流動性選好曲線を L，貨幣が利子率に関係なく一定量 M_0 だけ供給されているとした，利子率に完全に非弾力的な横軸に垂直な貨幣供給曲線（直線）を M とすれば，利子率は L 曲線と M 曲線との交点 E，つまり貨幣需要量と貨幣供給量が等しくなるところに対応して r^E に決定される。要するに，この最初にも述べたようにケインズの流動性選好理論によれば，利子率は貨幣需要と貨幣供給の関係によって決定され

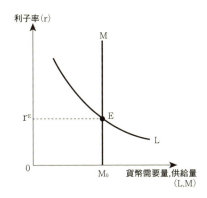

図1-5　利子率の決定

るのである。このようなケインズの利子率決定の理論は，貨幣的利子論の基礎であり，代表であるから，式や図を通じて，しっかり理解しておこう。

3　ケインズ理論とマクロの部分均衡分析

　ケインズ理論の1つの柱である有効需要の原理にもとづく国民所得の決定理論は，第3章で詳しく取りあげるが，生産物市場だけを問題とする，いわゆる**マクロの部分均衡分析**であり，またケインズ理論のもう1つの柱である流動性選好理論は貨幣の需給均等による利子率決定の理論であり，貨幣市場だけを問題する**部分均衡分析**である。まず，国民所得の決定に関しては，**図1-1**にもみられるように国民所得の大きさは有効需要，すなわち消費と投資を足した総需要によって決定されるが，その有効需要の一方の構成要素である投資は貨幣市場で決定される利子率との関係で決定される。ケインズ理論では，生産物市場における国民所得の決定を考えるに際して，貨幣市場における利子率はあらかじめ与えられたものとするのである。いま，もし利子率が外生的に一定とされていなければ，投資の決定メカニズムを通じて投資量が決定されず，有効需要の大きさが決まらないから，国民所得の大きさも決まらないことになる。

　一方，もう1つの柱である流動性選好理論による利子率決定に関しては，利子率は，すでにみたように貨幣の需要と供給の関係で決定されるが，**流動性選**

好と呼ばれる貨幣需要は取引動機，予備的動機，投機的動機という3つの動機にもとづいて出てくる。そのうち取引動機と予備的動機にもとづく貨幣需要は，生産物市場における国民所得に依存しているが，ケインズの利子率決定の理論ではその国民所得はあらかじめ与えられたものとするのである。しかし，もし国民所得の大きさがあらかじめ決定されていなければ，貨幣需要が決まらないから，利子率も決まらないことになる。要するに，ケインズの国民所得と利子率に関するそれぞれの決定理論は，生産物市場と貨幣市場の相互の市場の均衡を前提とした**部分均衡分析**なのである。

ところで，いまみた国民所得と利子率は，実際には相互に関連し影響し合っているのである。利子率の変化は，消費と投資に影響を与え，有効需要の大きさに変化をもたらす。また，利子率は，国民所得の大きさに依存し，関係している。したがって，国民所得と利子率は，相互に影響し合いながら同時的に決定されるものと考えるべきなのである。このような国民所得と利子率の同時的決定を説いたのがIS-LM分析である。要するに，この**IS-LM分析**は，ケインズ理論を基礎として成立したものであり，生産物市場と貨幣市場の両市場を考慮して，国民所得と利子率の同時的決定を考えた，いわゆる「**マクロの一般均衡分析**」である。なお，このIS-LM分析の理解に際しても，ケインズ理論を図式化した先の**図1-1**は役立つであろう。

3 マクロの一般均衡分析とIS-LM分析

このIS-LM分析についての理解は，公務員試験では不可避の事項であるばかりでなく，第7章の財政・金融政策との関連でも重要となる。まず，**IS曲線**とは，生産物市場の均衡条件である投資（I）＝貯蓄（S）を満足した国民所得と利子率の組み合わせを示した曲線のことで，それを図示したのが**図1-6**のIS曲線である。このIS曲線上では，生産物市場においては経済は均衡状態にあり，投資＝貯蓄（I＝S）となっている。しかし，この曲線上以外のところ，すなわちIS曲線の上方の領域とその下方の領域では両者は等しくなく，経済は不均衡な状態となっている。いま，経済がIS曲線の上方の領域にある場合には，生産物市場では貯蓄が投資を上回り（I＜S），超過供給の状態になって

いる。逆に，経済がIS曲線の下方の領域にある場合には，投資が貯蓄を上回り（I>S），超過需要の状態になっていると考えられる。なぜ，そうなるのかについては，第5章で詳しく説明する。一方，**LM曲線**とは，貨幣市場の均衡条件である貨幣需要（L）=貨幣供給（M）を満足した国民所得と利子率の組み合わせを示した曲線のことで，それを図示したのが**図1-7**のLM曲線である。このLM曲線上では，経済は均衡状態にあり，貨幣需要=貨幣供給（L=M）となっている。しかし，このLM曲線上以外のところ，すなわちLM曲線の上方の領域とその下方の領域では両者は等しくなく，経済は不均衡状態となっている。いま，経済がLM曲線の上方の領域にある場合には，貨幣市場では貨幣供給が貨幣需要を上回り（L<M），超過供給の状態にあり，逆に経済がその下方の領域にある場合には貨幣需要が貨幣供給を上回り（L>M），超過需要の状態にあると考えられる。なお，ケインジアン・クロスを用いたIS曲線の導出，流動性選好理論を用いたLM曲線の導出，さらにはIS曲線とLM曲線に関する領域の問題について詳しくは第5章と第6章を参照されたい。

　いまみたように，**IS曲線**の下方の領域では，I>S（上方の領域ではS>Iとなる）となり，**LM曲線**の下方の領域ではL>M（上方の領域ではM>Lとなる）となるが，この領域に関する需給の大小の理解も試験では重要となる。ここでは，IS曲線の上方ないし下方の領域のIとSの大小，またLM曲線の上方ないし下方の領域のLとMの大小の覚え方をひとつ紹介しておこう。その方法は，ある協会の公務員試験講座で長く用いた，受講生によく「振袖法」と呼ばれた方法である。振袖は，女性が成人式などでよく着る着物であるが，その振袖姿を想像してほしい。その「振袖の右手（IS曲線）と左手（LM曲線）の下の部分は需要が多い」ということを覚えておけば，いずれの領域のIとSの大小，LとMの大小などに関する問題に対応できる。それは，右手（IS曲線）の下方の領域は投資需要が貯蓄より多く，左手（LM曲線）の下方の領域は貨幣需要が貨幣供給より多いということである。IS曲線とLM曲線とが交差すると，**図1-8**にみられるように4つの領域ができる。たとえば，㋐の領域の状態が問われたとしよう。その㋐の領域は，IS曲線，LM曲線の下方の領域にあるから，生産物市場も貨幣市場も需要が多い，つまりI>S，L>Mの状態になっている。このように，振袖の袖の部分は需要が多いということを覚え

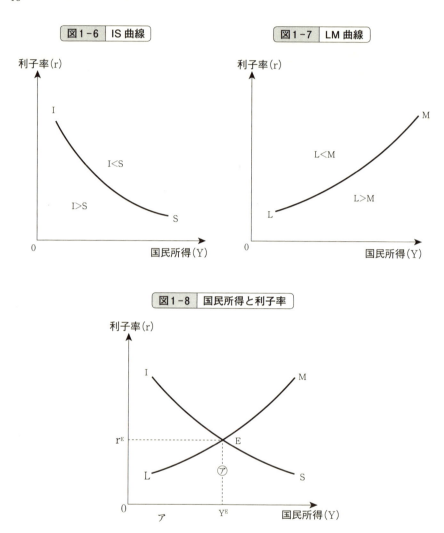

ていれば，どの領域の問題が出ても即座に対応できるのである。

ところで，国民所得と利子率の同時的決定を説いた **IS-LM 分析** によれば，生産物市場の均衡条件，すなわち投資（I）＝貯蓄（S）と，貨幣市場の均衡条件，すなわち貨幣需要（L）＝貨幣供給（M）の両条件を同時に満足した国民所得と利子率の組合せは，IS 曲線と LM 曲線の交点 E に対応して，**図 1-8** に

示したように国民所得は Y^E, 利子率は r^E に決定される。Y^E と r^E は, 上記の両条件を同時に満足したそれぞれ**均衡国民所得**, **均衡利子率**である。

4　IS 曲線, LM 曲線と財政政策, 金融政策

　いまみたように, IS-LM 分析によれば, I＝S, L＝M の条件を同時に満足した国民所得と利子率は, IS 曲線と LM 曲線の交点に対応して決定されるが, そのような国民所得と利子率の均衡水準は財政政策や金融政策によってどのように変化するのかを理解することが重要となる。**財政政策**, **金融政策**は, 図ではそれぞれ IS 曲線, LM 曲線のシフトに反映されるが, それによって国民所得と利子率の均衡水準がどのように変化するのかを理解することが重要である。では, IS 曲線, LM 曲線は, どのような要因によってシフトするのであろうか。まず, **IS 曲線の右方シフト要因**には, 財政支出の増大, 所得税率の引下げ, 限界消費性向の上昇（限界貯蓄性向の低下）などがあり（左方シフト要因はこの逆となる）, **LM 曲線の右方シフト要因**には貨幣供給量の増大, 流動性選好（貨幣需要）の減少, 物価の下落などがある（左方シフト要因はこの逆となる）。ここで重要となるのが, IS 曲線と LM 曲線のシフトと第 7 章で取りあげる財政政策, 金融政策との関係であるが, いまも述べたように図では財政政策は IS 曲線のシフトに, 金融政策は LM 曲線のシフトに反映される。たとえば, 財政支出の増大, 所得税率の引下げといった財政政策は, 図では IS 曲線の右方へのシフトに, また貨幣供給量の増大, 流動性選好の削減といった金融政策は LM 曲線の右方へのシフトに反映される。したがって, IS 曲線, LM 曲線のシフトは, 財政政策, 金融政策の効果をみるとき重要となる。

　さらに, その政策効果は, IS 曲線, LM 曲線の傾き, つまり**弾力性**によって違ってくる。そのとき重要となるのが, IS 曲線については**投資の利子弾力性**であり, LM 曲線については**貨幣需要の利子率弾力性**の概念である。まず, 投資の利子弾力性とは, 投資の変化率／利子の変化率のことであるが, 図的にいえばそれが小さいほど IS 曲線の傾きは急となり, また投資が利子率以外の要因によって決まるときにはそれは垂直線となる。つぎに, 貨幣需要の利子率弾力性とは貨幣需要量の変化率／利子率の変化率のことであるが, それが大きい

ほどLM曲線の傾きは緩やかとなり，完全に弾力的な場合，いわゆるケインズのいう経済が流動性トラップに陥っている場合には，LM曲線は水平となる。第7章で詳しく説明するが，同じ財政政策であっても，貨幣需要の利子率弾力性が完全に弾力的（水平）か，完全に非弾力的か（垂直線）かによって，政策効果は全く異なってくるのである。

　なお，IS-LM分析を用いた総需要曲線の導出，さらには財政政策，金融政策による総需要曲線のシフトについては，第8章の総需要と総供給で詳しく取りあげる。

第 2 章

国民所得の概念

キーワード

- 国内総生産（GDP）
  ある地域や国の経済活動を考察する上での基本的な経済指標であり，産出額から中間財を差し引いたものであり，その国や地域の経済規模を示す指標である。
- 1人当たり GDP
  GDP を人口で割った値。その国や地域の平均的な豊かさを表す指標である。
- 粗（グロス）と純（ネット）
  固定資本減耗を除いていない付加価値を粗（gross）付加価値といい，固定資本減耗を除いた付加価値を純（net）付加価値と呼ぶ。
- 実質 GDP と名目 GDP
  名目 GDP を GDP デフレーターで除したものが実質 GDP となる。
- 三面等価の法則
  生産面・支出面・分配面，3つの側面からみた GDP が必ず等しくなるという原則のことである。
- 国民総支出
  消費 C と投資 I と政府支出 G と輸出 EX の合計値から輸入 IM を差し引いたもの。

1 SNA（国民経済計算）とは

1 GDP の直感的なイメージ

　マクロ経済学を学ぶ際には，理論的な分析の前に，まずマクロ経済学が対象とするさまざまな経済指標・経済変数と呼ばれるものについて理解しておく必要がある。

　高校時代に政治経済を履修していなかった大学1年生でも「**GDP**」という用語は聞いたことがあるのではないだろうか。このGDPは，ある国の経済活動が上手くいっているのか，もしくは芳しくない状況にあるのか，そういった状況をいわば診断するうえでの基本的な指標である。そのうえ，新聞の経済記事や景気動向についての記事を理解する上でも必須であり，社会人として生きていくためにもこの用語の理解は不可欠となる。

　GDPについてその直感的なイメージとしては，その国や地域の経済活動の規模を示しているといえよう。つまり，GDPの額が大きくなっていけば，その国や地域の経済活動の規模が大きくなることを意味している。世界で一番GDPが大きい国はアメリカ合衆国であり，開発途上国と呼ばれる貧しい国々ではGDPは小さい。アメリカでは極めて大きな規模の経済活動が行われているが，途上国では比較的小さいことになる。

　つぎにGDPの定義について説明していくと，GDPは，Gross Domestic Productの略であり，**国内総生産**と呼ばれる。その定義は，「一国あるいは一地域における一定期間の生産によって生み出された**付加価値**の総額」とされる。まずはこの定義をしっかり暗記されたい。しかし，おそらく初めてこの定義を読んだ読者は，これだけでは何かしら具体的なイメージを持つことができなかったのではないだろうか。GDPを理解する上で，この定義を前後2つに分解してみる。

　まず前半部分の「一国あるいは一地域における一定期間の生産」については，さほど難解なところは少ないかもしれない。たとえば日本のような国や埼玉県

といった地域を特定化し，2016年の1年間といった期間を限定した経済活動といった意味である。

次に「生み出された付加価値の総額」であるが，まずこの「付加価値」について確認していく。付加価値というと一般的にはさまざまな意味で用いられることもありうるが，マクロ経済学における付加価値とは，明確で一義的な概念である。

ここで，話を単純化して，国や地域ではなく，たとえば学園祭で焼きそばの屋台を経営するとしよう。焼きそばの販売には肉や野菜や麺やソースといった食材や割り箸や紙皿などが必要となる。これらの食材や割り箸や紙皿を別の企業であるお店等から仕入れ，これらを用いて調理を行うことによって焼きそばを販売して，売上高をえることが可能となる。さて，この売上高を「焼きそば屋台経営によって新たに生み出された付加価値」と考えて良いであろうか？

答えは否である。何故なら，さまざまな食材や割り箸や紙皿といった仕入で要した費用は，仕入れ先の企業が生産した財であり，焼きそば屋台の経営から生み出された価値ではない。つまり，この売上高には焼きそば屋台だけでなく，仕入れた財を生産した企業によって生み出された価値も含まれることになる。よって，この売上高から，他の企業が生産した財を仕入れた費用を差し引くことによって，焼きそば屋台が新たに生み出した付加価値と判断することができる。このため，

$$売上高 - 焼きそばを作るのに必要な費用 = 付加価値 \tag{1}$$

が成立する。焼きそば屋台経営という経済活動によって，新たに生み出された価値とは，焼きそばの調理と販売サービスという経済行為によってのみ発生するものに限られるのである。

さらに，売上高が仕入た財の費用を上回ったとする。するとその差額を，まずは屋台運営に参加した学生の人件費として支払い，残りは利益と考える。この場合，この付加価値は，

$$付加価値 = 人件費 + 利益 \tag{2}$$

となり，この（2-2）式のように人件費と利益に分解することができる[1]。

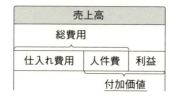

図2-1 焼きそば屋台での付加価値の直感的なイメージ図

これを図示すると**図2-1**のようになる。

この例はあくまで焼きそば屋台という一企業を想定したものであるが、このような考え方で、経済活動を行っている全ての経営組織が一定期間内に生み出した付加価値を合計すると、一地域なり一国のGDPとなるのである。要は、日本のGDPとは、日本中の全ての企業が生み出した、このような意味での付加価値を合計したものなのである。

ここで、焼きそばの例からマクロ経済用語に置き換えて考えてみよう。マクロな一国レベルではミクロな企業レベルと異なり、売上高のことを**総産出額**、仕入た財の費用のことを**中間投入財**（または**中間財**）と呼ぶ。よって、マクロ経済レベルでみると(1)式は以下の(3)式のように言い換えることができる。

　　国内総産出額 − 中間投入財 = GDP　　　　　　　　　　　　　　　(3)

この(3)式の直感的なイメージとしては、日本国内の全ての企業の売上高の総額である産出額から、全ての企業の仕入高である中間投入財を差し引くとGDPが計算できるということになる。この(3)式が生産された付加価値の総額であるGDPだと、まずはイメージされたい。

2　SNAとは

これまでGDPについて直感的なイメージを読者がもてるよう解説を試みたが、実際にGDPを推計するためには膨大な計算作業が必要となる[2]。GDPのイメージとしては日本国内の全ての（大企業のみならず中小企業や個人商店等を含めた）企業の付加価値額を総計するべきであるが、実際には（厳密な意味

では）それは不可能である。しかし，各主要新聞には定期的に日本の GDP の成長率や推移が記載され，内閣府のウェブサイトには GDP が公表されている。

では，どのようにして GDP は計算されているのだろうか。日本で GDP の計算を担当しているのは内閣府であるが，内閣府は **SNA** と呼ばれる国際基準に従って，GDP を推計している。SNA とは System of National Accounts の略であり，**国民経済計算**とも呼ばれる。GDP を算出するシステムが各国によって異なっていれば，GDP を国際比較することが不可能となってしまう。このため，統一した基準が必要であり，国際連合が統一基準を定めている。

この SNA では，GDP 以外にも，国や地域の経済規模を表すさまざまな指標が示されている。

たとえば，**GNP** は Gross National Product の略であり，**国民総生産**と呼ばれるものであるが，GDP が国内総生産という言葉とおり，国内で生産した付加価値の総計であるのに対し，GNP とは国民総生産の言葉とおり，国内外を問わずに国民が生み出した付加価値のことである。

そして，GDP にも GNP にも，機械や建物の**減価償却**は含まれている。企業は投資した機械や建物の対価を取り戻す必要があり，付加価値の一部はそれに充当される。**固定資本減耗**を除いていない付加価値を**粗（グロス：gross）付加価値**といい，固定資本減耗を除いた付加価値を**純（ネット：net）付加価値**と呼ぶ。

国民総生産から固定資本減耗を差し引いたものを**国民純生産（NNP：Net National Product）**，もしくは**国民純所得（NNI：Net National Income）**と言う。

また，この純付加価値には間接税が含まれ，これは政府に分配されている。農業などでは，補助金が支給され価格が安くなっているため，付加価値が実際よりも小さくなっている。そのため，補助金は加える必要がある。国民純生産に間接税を引き補助金を加えた［または（間接税－補助金）を引いた］ものを**国民所得（NI：National Income）**と呼ぶ。

国民所得はさらに，労働者に払われる雇用者所得と，内部留保・配当・法人税に当てられる営業余剰に分配されていく。

3　三面等価の法則

　GDP は，一定期間内に新たに生産された付加価値と定義されたが，これは生産面からみた定義である。これに対して，同じ国民総生産を支出面・分配面からもみることができる。**生産面・支出面・分配面**，3つの側面からみた GDP が必ず等しくなるという原則は，**三面等価の法則**と呼ばれる。

　生産された付加価値は，誰かによって購入されなければ実現しないために，生産面と支出面が等しくなることが直感的に分かりやすいであろう。ある国の国民が生産した付加価値を購入する支出額を詳しくみると，家計が消費する民間最終消費支出，企業・政府などが機械や建物などの固定資本を購入する国内総固定資本形成，政府が固定資本以外に消費する政府最終消費支出，海外の人々がその国の製品を購入する輸出等から構成される。ただし輸入品を買う場合，GDP から輸入は差し引く。国民総生産は国民総支出に等しく，国民総支出は以下のようになる。

国民総支出＝消費 C＋投資 I＋政府支出 G＋（輸出 EX－輸入 IM）

 ## 名目と実質の違い

　仮に，今年と来年の2期のみお金がもらえると仮定する。以下の A 案と B 案のどちらが有利であろうか？

- A 案：今年100万円で来年180万円もらえ，物価が来年100％上昇する。
- B 案：今年100万円で来年100万円もらえ，物価が変わらず一定。

ここで，物価が上昇すると言うことは，個別の財・サービスに止まらず，市場で取引される財・サービス全般の価格が上昇することを意味し，物価が上昇すると，所得が一定であれば，購入できる財・サービスの量が減るということを意味する。

仮に10万円する商品だけを購入するとすれば，この時に，A案なら今年は100÷10＝10（個）を購入することができ，来年は10万円の商品が10万円から20万円値上がりするため，180÷20＝9（個）買うことが出来る。よって，最終的に10＋9＝19（個）が手に入れることができる。しかし，これがB案であれば，物価に変動はないので，10＋10＝20（個）とA案より多くなる。よって，B案の方がより沢山の財・サービスを入手できることになり，この意味で，B案の方が実質的に高い所得であると見なすことが出来る。

このように物価水準を考慮した所得を実質所得と呼び，GDPの場合においても，**実質GDP**と**名目GDP**が区別される。実質GDPとは物価水準を考慮したGDPのことである。

この名目GDPを実質GDPに変換する際に，用いられる物価水準をGDPデフレーターと呼ぶ。よって，名目GDPをGDPデフレーターで除したものが実質GDPとなる。

3 経済成長率と景気診断

GDPや一国の経済規模を示す指標であることは前述のとおりであるが，だからといって，その国の国民の平均的な豊かさをGDPやGNIが示すわけではない。何故なら，同じGDPの規模をもつ2つの国があるとして，一方は人口が大きく，他方のそれが小さければ，国民1人当たりとしてのGDPは全く異なった値となる。2010年のGDPでは中国は日本を抜き，世界第2位となったが，人口規模で見ると世界1の人口を誇る中国は，中国経済全体のGDPでは世界2位であっても，1人当たりに換算すると日本のそれよりはるかに低い値となる。GDP自体は中国が日本をやや上回る程度であっても，人口は日本の10倍程である。また，ルクセンブルクという国は1人当たりGDPは日本のそれよりはるかに高いが，人口が人口は約50万人程度と小さく，ルクセンブルク経済全体のGDP規模は国際的にそれほど大きくはない。よって，GDPは一国全体，1人当たりGDPはその国の国民の平均的な豊かさを示す指標として使い分ける必要がある。

また，GDPも1人当たりGDPも，一定の値が続くものではなく，増減する

ものであり，中長期的に高い増加傾向を続けた国と，失われた20年を経験し停滞が続くわが国とでは，過去20年前と現在を比べても相対的に大きな違いが現れる。よって，GDPを理解する上で，GDPがどのように変化するか，その変化率を経済成長率として観察する必要がある。

ここで，GDPの成長を指標化した経済成長率という概念を説明する。まず，あるt年のGDPであるY_tから翌年のt+1年のGDPであるY_{t+1}にかけての経済成長率gは，

$$g = \frac{Y_{t+1} - Y_t}{Y_t} - 1 \tag{4}$$

で示される。たとえば，t年に100兆円であったGDPが翌年のt+1年に120兆円となったとすれば，

$$\frac{120 - 100}{100} - 1 = 1.2 - 1 = 0.2 \tag{5}$$

となり，20%となる。これを**対前年度比成長率**という。

そして，あるt年のGDPであるY_tからn年後であるt+n年のGDPであるY_{t+n}にかけての経済成長率は，**年平均成長率**もしくは**複利成長率**と呼ばれ，この複利成長率をgで表すと，

$$g \fallingdotseq \left(\frac{Y_{t+n}}{Y_t}\right)^{\frac{1}{n}} - 1 \tag{6}$$

となる[3]。この(6)式は累乗根の概念を忘れてしまった人であれば，難解かもしれないが，マイクロソフトEXCELにて簡単に計算できる。計算式は，

$$= (Y_{t+n}/Y_t) \wedge (1/n) - 1 \tag{7}$$

となる。EXCELで「^」は累乗を示す記号である。よっては2^2は「=2^2」である。具体的数値例で考えると，あるt年度のY_tが100兆円で，10年後のY_{t+n}が200兆円だとすれば，マイクロソフトEXCELの計算式は(8)式のようになる。

$$= (200/100) \wedge (1/10) - 1 \fallingdotseq 0.0718 \tag{8}$$

よって，この(8)式の例は7.18%ということになる。

この年平均成長率はマクロ経済学に限らず，さまざまなビジネス社会でも使用可能な概念である。たとえば，いまある企業がチェーン店を100店舗運営しているとする。そこで経営者が10年後に店舗数を10倍の1,000店舗にしたいとする。この場合には，

$$= (1{,}000/100)^{\wedge}(1/10) - 1 \fallingdotseq 0.2589 \tag{9}$$

となり，毎年約25.89％で増やしていけば目標達成である。「10年で10倍」というよりも，「毎年25％のペースでの成長を10年続ける」といったほうが目標が見えやすくはないだろうか。

ちなみに，内閣府のウェブサイトから93SNAによる2005年固定価格基準の実質GDPを見ると，1994年のGDPは約457.8兆円であり，2013年には約543.3兆円となっている。これを(6)式を用いて年平均成長率を求めると約0.9％となり，1994年から2013年にかけての実質GDPは年平均で0.9％ということになる。ちなみに名目GDPは同期間で約−0.13％成長である。

この年平均成長率は政府刊行物等や実務でも広く使われており，確実に押さえておきたい。さらに，これが対前年度比成長率とは異なることにも注意である。さらに長期的に重要となるのは年平均成長率である。

そして，この年平均成長率で考えていくと，日本経済が1991年のバブル経済の崩壊以降に経験してきた失われた20年の影響が如何に大きかったかも確認できる。**表2−1**は年平均成長率ごとにt年後にGDPが何倍になっているかを示している。たとえば，年平均2％で成長し続ければ5年後に1.104倍，10年後に1.219倍，20年後に1.486倍となる。2％というと，今年の1万円が翌年に1万200円になる程度であり，わずかな成長と感じる読者もいるかもしれないが，これが20年という中長期のスパンとなると，約約1.5倍にもなり，ゼロ成長とは大きくことなることをイメージして欲しい。

失われた20年の間，日本経済は年平均で実質で約1％を下回る成長であったが，仮に2％成長を持続していれば1.5倍，3％なら1.8倍もの経済規模になっていたことがわかる。歴史にifは存在しえないものの，バブル崩壊時の1.5倍ものGDP規模があれば，年金問題等，近年の日本経済の重要課題もより揺るかやな問題となっていた可能性が高い。また，中国経済は1990年代以降，急速

表2-1 平均成長率別の成長度合い							
	0.9%	1%	2%	3%	5%	7%	10%
初年度	1	1	1	1	1	1	1
1年後	1.009	1.010	1.020	1.030	1.050	1.070	1.100
2年後	1.016	1.020	1.040	1.061	1.103	1.145	1.210
3年後	1.023	1.030	1.061	1.093	1.158	1.225	1.331
4年後	1.030	1.041	1.082	1.126	1.216	1.311	1.464
5年後	1.038	1.051	1.104	1.159	1.276	1.403	1.611
6年後	1.045	1.062	1.126	1.194	1.340	1.501	1.772
7年後	1.052	1.072	1.149	1.230	1.407	1.606	1.949
8年後	1.059	1.083	1.172	1.267	1.477	1.718	2.144
9年後	1.067	1.094	1.195	1.305	1.551	1.838	2.358
10年後	1.074	1.105	1.219	1.344	1.629	1.967	2.594
15年後	1.113	1.161	1.346	1.558	2.079	2.759	4.177
20年後	1.152	1.220	1.486	1.806	2.653	3.870	6.727

に成長したが，その間には平均10％を超える成長を維持してきた。**表2－1**からわかるとおり実質で6倍をはるかに超える経済規模が達成されたのである。無論，約20数年前の中国は開発途上国であった。

　一般に途上国の年平均成長率は高く，豊かになり先進国に近づくに従って成長率が停滞していく。たとえば，戦後の日本経済では高度成長期は約20年間にわたり10％近い成長を維持していた。高度成長期は一般に，1955年（昭和29年）頃から1973年（昭和48年）頃だとされている。その後，1974年から1990年までは年平均で約4％強へと低下した。おおむね，先進国の多くは2～3％台程度の成長率を記録すると景気が良い状態であるとされる。逆に先進国であるにも関わらず，5％を超えるような成長率は過剰であり，バブルである可能性が高い。実際，1980年代後半から1991年にかけてのバブル経済時にはそうであった。このため，アベノミクスのみならず前政権である野田政権においても，目標経済成長率として「名目で3％，実質で2％」としており，日本以外，他の多くの先進諸国が達成してきた数値である。

20年近いというスパンで見ると平均で1％弱程度なのか2～3％台なのかで経済環境は全く変わり，人々の生活実感もまた極めて違ったものとなっていた可能性が高い。また，日本の経験がそうであったように，中国経済の成長率も今後，10％以上を記録することは稀になり，5％前後程度へと安定成長期に移行することが予想される。これは日本のみならず，台湾や韓国経済も同様の変化を経験してきたのである。

途上国から先進国になるにつれて経済成長率は低下していくのは歴史的必然とも言えるが，先進国の段階となった後でも2～3％台の成長は欧米の諸外国の経験では現実に達成されてきた水準である。本書の読者の多くは20歳前後であると思われるが，20歳前後の若者には半世紀以上もの長い人生が待っている。その間，経済成長率が年平均で数％異なるだけで，将来の経済環境は大きく違ったものになりうることを心に留めておくべきである。この意味で，マクロ経済学を学ぶことは，自分が将来，どのような経済社会で生きていくのかについてのヒントを示してくれるものということもできるのである。

4 貯蓄と投資の恒等関係

以上の議論を記号を使って表現する。GNPをY，民間消費をC，民間貯蓄をS，民間投資をI，政府支出をG，租税をT，輸出をX，輸入等をMとすれば次の恒等関係

$$Y = C + S + T \quad \text{[分配GDP]}$$
$$= C + I + G + (EX - IM) \quad \text{[支出GDP]} \tag{9}$$

が成立する。この左辺と右辺を整理すると，

$$S - I = (G - T) + (EX - IM) \tag{10}$$

とる。(10)式から，民間の貯蓄超過が，財政収支と経常収支の和に等しくなりることが導かれる。

また，ここでCとIとGは，国内の需要（アブソープション）と考えられるので，ひとまとめにしてAと定義する。よって，$Y = A + EX - IM$となり，

これは Y-A＝EX−IM と書き換えることが出来る。そして，（EX−IM）＜0 のとき，必ず Y＜A となり，貿易収支の赤字は，国内における総需要に比べて，総供給が不足しているため，これを輸入で補っていると解釈できる。このような分析方法をアブソープションアプローチと呼ぶ。

5 経済活動と GDP では計れないもの

　このように GDP や GNI といった SNA にもとづいた経済指標は，我々がマクロ経済を理解していく上での基本事項であり，より精緻な GDP の推計が可能となるよう国内外の専門機関は努力を重ねている。しかしながら，GDP や GNI がすべての経済活動を網羅しているわけでもないことにも注意をする必要がある。

　GDP には，市場で取引された財・サービスしか計上できないために，例えば，ボランティアや家事といった活動は GDP には含まれない。同様に，環境が汚染されることによる自然破壊，野生生物種の絶滅等によって自然環境の多様性が失われることもまた GDP には反映されてない。

　加えて，第13章でも解説を試みるが，GDP は必ずしも政策目標として適切なものとは言えない場合もあるのである。一見，GDP が増加すればすべからく望ましいかのようにも思えるが，適切な消費や投資の水準を無視して，無理矢理 GDP を増やすような政策を行った場合，短期的にはともかく長期的には必ずしも望ましい結果をもたらさない可能性がある。また，GDP は前述のとおり，一定期間のフローであるために，長期にわたる経済厚生を示唆するとも限らないことにも注意が必要である。

●注
1　正確には，付加価値は人件費と利益に「減価償却費」と「租税公課」を合計したものである。減価償却と租税公課については会計学等の基本書を参照のこと。
2　GDP の計算方法の詳細については，それだけで分厚いテキストが完成する

程である。よって，本章では割愛する。

3 これは Y_t が n 年後に毎年 g％で成長して Y_{t+n} になったとすれば，$Y_{t+n} = (1+g)^n \cdot Y_t$ となり，この式の g を求めることにより(6)式が求められる。詳細については累乗根について確認すること。数学的背景について深くはわからなくとも，最初は EXCEL 等の表計算ソフトにて実際に計算をまずはしてみことをおすすめする。

第 3 章

有効需要の原理と国民所得の決定

キーワード

- セイの法則から有効需要の原理
「供給がそれ自ら需要を生み出す」という古典派のセイの法則命題をケインズは否定する。「総需要が総供給と雇用を決定する」という「有効需要の原理」を提唱する。
- ケインズモデル（単純経済モデル）
総需要が消費と投資からなる経済モデルを通して生産された財が全て売れる国民所得（これを均衡国民所得という）を決定する。
- 消費の2つの特色
    ① 平均消費性向：所得とは相反関係
    ② 限界消費性向：所得とは一定関係（所得の大小にかかわらず一定値）
- 貯蓄
貯蓄が増加すると所得を減少させる「貯蓄のパラドックス」に注意する。
- ケインズモデルの発展
総需要に更に政府支出を加えた閉鎖モデル。
- ギャップ問題
完全雇用 GDP と均衡国民所得の乖離から生じる問題。

経済学は,「稀少性ある資源をどのように配分したら最も効率的に生産を行えるか」(L. ロビンズの定義) ということを主要な課題としている。「資源」の中で, 重要なものの1つが,「労働力」である。この"労働力"が充分に利用されていない状況が「失業」である。1929年10月, アメリカ発の「大恐慌」は,「大量に発生した失業」と「国民所得の大幅縮小」とを如何に解決すべきかを経済学に課題として突きつけた。"古典派"(これはケインズ (J.M.Keynes) による命名, 実際は"新古典派"である) は, 適切な解決策を提示していない, とケインズは批判した。巷にあふれる失業者を如何になくしてゆくか。国民所得を如何に増加させるか。この課題に真正面から挑んだのが, ケインズである。

1936年に出版された『**雇用・利子及び貨幣の一般理論**』(以下『一般理論』とする) (General Theory of Employment, Interest and Money) の中で提唱された「**有効需要の原理**」は, 上記の問題への解決策である。「総需要が総供給と雇用を決定する」という命題である。換言すれば, 総供給と雇用を決定するのは, "需要"だということである。失業が増え, 国民所得が縮小するのは, 総需要を構成する"消費"や"投資"が不足しているからで, そのために生産物が売れ残るのだとする。

以上のケインズの考え方は, ミクロ分析に加えて, 新たに国民所得を中心とするマクロ分析を経済学に提供することになる。

さて, この章では「有効需要の原理」を解明するために, 次の順序で考察を進める。

① "有効需要の原理"の誕生する過程を考察する。古典派がどこで現状認識を誤り, ケインズはどこから新しい理論の突破口を開いたか。
② 総需要の構成要因である"消費"と"投資"について考察する。
③ "単純経済モデル"を分析の対象に置く。"45度線分析"を使用して, 総需要=総供給になる「均衡国民所得」を求める。また, "投資・貯蓄バランス論"も説明する。
④ 最後に, もう1つの総需要の構成要因となる"政府支出"を導入したモデル-"閉鎖モデル"を考察する。さらに, 均衡国民所得と完全雇用国民所得との関係で, "ギャップ問題"を取り上げる。

1 古典派とケインズ ―「有効需要の原理」の誕生までの過程

マーシャル（A.Marshall）およびピグー（A.C.Pigou）に代表されるイギリス"ケンブリッジ学派"の思考をケインズは"古典派"と銘打った。1929年に始まった未曾有の"大恐慌"の2つの特徴は，「大量失業」と「国民所得の大幅縮小」である。彼はこれらに対する古典派の対処策は，資本主義についての"現実感覚の欠如"と"理論の空虚さ"に満ち満ちていたとする。

図3-1をみてほしい。縦軸には，実質賃金 $\left(\frac{w}{p}\right)$，横軸には雇用量をとり，右下がりの労働需要曲線（L^D）が描かれている。賃金水準が $\left(\frac{w}{p}\right)_1$ の水準にあったとすると，労働の需給が一致して失業は存在しない。ところが，いま，労働組合等の圧力で，賃金水準が $\left(\frac{w}{p}\right)_1$ の水準で高止まりしていると，図のABに相当する部分に大量の失業が生じているのである。大恐慌時の大量失業は，賃金水準が均衡賃金水準 $\left(\frac{w}{p}\right)^E$ より高過ぎるために生じている。古典派は賃金水準を $\left(\frac{w}{p}\right)^E$ まで引き下げると，労働需要量が増加（$N_1 \rightarrow N^E$）し，労働供給量が減少（$N_2 \rightarrow N^E$）し，労働の需給が一致して完全雇用が達成されるとする。ただ，古典派は，物価水準を一定と考えている。分子のWの"名目賃金"を引き下げると，実質賃金 $\left(\frac{w}{p}\right)$ は低下する。その結果労働の需給に影響を及ぼし，完全雇用になる。

ところが，ケインズは，図のAB部分は高い賃金水準を要求し，低い賃金水

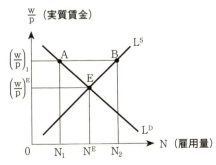

図3-1 古典派の労働市場

準を拒否する"自発的失業"部分とは考えていない。実際，賃金が切下げられると，労働者の購買力は低下する。古典派が考えたように一定の価格で売れるのではなく，価格は低下する。賃金というコストが低下しても，価格が低下するので利潤は増加しないから，雇用も増加しない。

このような古典派の考えのどこに誤りがあったのだろうか。ケインズは，古典派の"2つの公準"に着目する。第一公準は労働需要は，「労働の限界生産力が実質賃金に等しい」ところで決定されるとする。これは，ケインズも是認している。問題は，"第二公準"である。第二公準とは，「労働供給は，労働の限界不効用が実質賃金に等しい水準で決定される」。ケインズは，これを否定する。この公準を認めることは，働きたい人が全て働ける"完全雇用"を前提としているからである。不況時には，現行賃金で働きたいが仕事がない—ケインズはこれを"非自発的失業"と呼ぶ—労働者が多数生ずるのである。

労働供給曲線（L^S）は，**図3－2**にあるように名目賃金$\overline{w}$の賃金水準で非自発的失業者が完全雇用されるまで，平行に引かれ，完全雇用水準を超えると古典派と同じ右上がりとなる。今，労働需要量がON_1の水準にあると，まだN_1N_2部分が雇用されず失業したままである。完全雇用水準を実現するためにはどうすればよいか。労働需要曲線（L^D）をL^D_1まで右シフトさせればよい。実際には生産水準を増加させることが求められる。ここに，生産水準を決定する指標として，**"国民所得"**という概念が前面に登場する。これこそが，経済

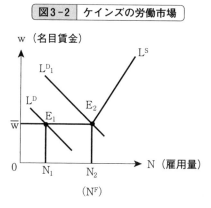

図3-2 ケインズの労働市場

学に"国民所得"という分析用具を提供する革新的な理論の幕開けとなる。

　有効需要を増加させるには，現行の生産水準を増加させる必要がある。古典派に，そういった考えがあったのだろうか。確かに，古典派は「供給はそれ自ら需要を生み出す」という**セイの法則**（Say's law）を信奉している。換言すれば，作った財は全て売れる，という訳である。不況時には，売れ残り，つまり"超過供給"が生じる。超過供給の時は，財の価格が低下し，財の需要が増加し，売れ残りは解消する。古典派では，売れ残りは「価格調整」を通じてなされる。

　この「セイの法則」が妥当するならば，作っても売れ，作っても売れるはずである。生産量を増加するなら，雇用量も増加して，完全雇用の状況を達成することができるはずである。しかし，完全雇用を達成できるどころか，大量の失業が生じている。何故，安全雇用の段階に到達しないのか，古典派の考え方が誤っているのではないかという疑問が生じる。

　古典派のいうように「価格調整」が働いているのか。作れば売れるのだろうか。供給を制約するものがあるのではないだろうか。

　不況下では，"価格調整"のスピードが遅いのが一般的である。もしそうだとすれば，売れる量に合わせて，生産量を調整すればよい。ケインズは売れ残りの解決法として，**「有効需要にもとづく数量調整」**を主張する。売れ残りは，企業にとって，「意図せざる在庫」である。在庫を増加させないために，生産量を減少させる。それに伴い余剰人員を解雇する。これが，資本主義の現実なのである。そういう状況に陥らせないようにするためにはどうするか。"需要による供給の制約"が必要なのではないか。ここに，古典派の考えとは正反対の"需要"の側面からの新しい考え方がケインズにより提示された。これが，『一般理論』の1つの柱となる「**有効需要の原理**」である。

2　総需要を構成する"消費"と"投資"

　"有効需要の原理"の説明に入る前に，"総需要"を構成する"消費"と"投資"について説明しておこう。

1 消費関数について

　総需要を構成する最大項目は，消費である。ケインズは，「今期の所得の大きさが今期の消費を決定する。」とする。これを数式（一次式）で示したのがつぎの(1)式である。

$$C = c_0 + cY \tag{1}$$

　　　〔C：消費額，Y：所得額，c：限界消費性向 $0 < c < 1$，c_0：基礎消費額〕

　(1)式の右辺のcは，この直線の傾きを示し，$0 < c < 1$であるからそれは，45度よりゆるやかな傾きとなる。右辺のc_0は基礎消費額である。仮に所得がゼロでも，生活等にかかる最低限の費用であり，所得と独立に決定される。右辺の所得（Y）が増加すると，左辺の消費（C）も増加する。

　この消費関数を**図3-3**を通して，少し説明しておこう。(1)式 $C = c_0 + cY$ の傾きcは0と1の間の値であるから，45度よりゆるやかな直線となる。切片がc_0だけ存在するので，原点から出発していない。また，所得がY_1からY_2へ増加をすると，消費もC_1からC_2に増加する。

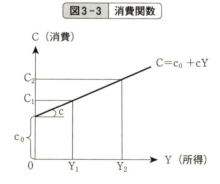

図3-3　消費関数

2 消費関数の2つの特色

　第一点は，所得のうち消費にまわされる割合を**"平均消費性向"**（APC）に

みられる。これは(1)式 $C = c_0 + cY$ の両辺を所得（Y）で割って求める。

$$\frac{C}{Y} = \frac{c_0}{Y} + c \tag{2}$$

となる。"c" と "c_0" は定数項である。所得（Y）が増加すると，右辺第二項の分母 Y が大きくなるので，第二項の値は小さくなる。ここから，所得（Y）と平均消費性向の間には，所得が増えると平均消費性向は小さくなるという負の相関関係がみられることがわかる。

第二点は，所得を1円増加すると，消費は1円以下しか増加しないということである。この関係を示したのが**限界消費性向**である。いま，(1)式の変化分をとると，$\Delta C = c \Delta Y$ となる。これを変形すると，$\frac{\Delta C}{\Delta Y} = \bar{c}$ となる。この $\frac{\Delta C}{\Delta Y}$ が限界消費性向である。この限界消費性向は，図ではこの直線の傾きであるから，所得の増減にかかわらず常に一定であることがわかる。

3　貯蓄関数について

ケインズは，所得（Y）から消費（C）を控除した残差を**貯蓄**（S）と呼んでいる。

図3-4では，所得線は45度線で引かれている。消費関数 $C = c_0 + cY$ との交点 E は，所得（Y_1）＝消費（C_1）になっている。E 点より右の所得（Y_3）では，所得（Y_3）が消費（C_3）より大きいので，貯蓄（S）はプラスになっている。

次に，貯蓄関数を求めてみよう。所得（Y）は消費（C）と貯蓄（S）の和である。数式で表すと

$$Y = C + S \tag{3}$$

となる。(3)式を変形して，

$$S = Y - C \tag{4}$$

となる。この(4)式に(1)式（$C = c_0 + cY$）を代入して整理すると，

$$S = -c_0 + (1-c)Y \quad (5)$$

となる。この(5)式が、貯蓄関数である。その傾きは（1−c）で、切片は$-c_0$となる。ただし、（1−c）はs（限界貯蓄性向）と等しいので、(5)式を$S = -c_0 + sY$と書き換えても(5)式と同じ式になる。いま、Y＝C＋Sの変化分をとると

$$\Delta Y = \Delta C + \Delta S$$

となり、この式の両辺をΔYで割ると、

$$1 = \frac{\Delta C}{\Delta Y} + \frac{\Delta S}{\Delta Y}$$

となる。ちなみに、$\frac{\Delta C}{\Delta Y}$は限界消費性向、$\frac{\Delta S}{\Delta Y}$は限界貯蓄性向である。この(5)式$S = sY - c_0$も、所得（Y）の増加関数になっている。図3-5で、所得がY_1からY_2に増加すると、貯蓄もS_1からS_2へ増加している。

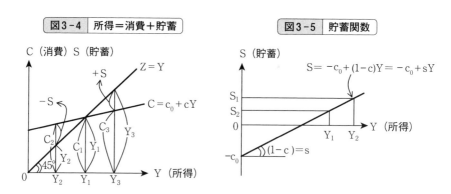

図3-4　所得＝消費＋貯蓄

図3-5　貯蓄関数

表3-1　消費関数と貯蓄関数

消費関数（C）	貯蓄関数（S）
$C = c_0 + cY$ （C：消費，Y：所得）	$S = -c_0 + (1-c)Y$ $= -c_0 + sY$
平均消費性向（APC）	限界消費性向（MPC）
Y（所得）とAPCの関係→負の相関関係	Y（所得）とMPCの関係→一定

4 投資関数について

　総需要のもう1つの構成要因である"投資"について説明しよう。ケインズは"投資"を決定するのは，"利子率"（費用）と"資本の限界効率"（収益）であると主張している。費用が収益を上回れば，投資をしない。逆に，費用が収益を下回れば，投資をする。ただ，問題は収益である"資本の限界効率"である。これが"暴れ馬"であって決定が難しい。そこで，ケインズは"所得の大きさに依存しない常に一定額の投資額―これを**"独立投資"**という―を彼のモデルの中では採用している。その投資関数は，**図3-6**のように，横軸に平行な直線の形で表される。

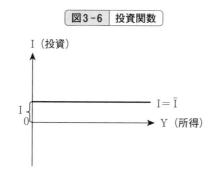

図3-6　投資関数

表3-2　投資誘因とケインズ・モデルの投資

投資の決定要因	ケインズ・モデルでの投資
1　利子率 2　資本の限界効率	独立投資

3 財市場のマクロ均衡

1 均衡国民所得の決定

　この節では，ケインズの**単純経済モデル**（総需要が消費（C）と投資（I）から成る経済モデル）を使って，経済全体の生産水準—国民所得—がどのように決定されるのかを説明する。

　周知のように，有効需要の原理とは，「総需要が総供給と雇用を決定する。」という命題である。換言すれば，それは，経済全体の生産水準—国民所得—を決定するのは，"総需要"である，ということである。

　"総需要"は，"消費（C）"と"投資（I）"から成っている。図3-7からもわかるように，消費関数 $C = c_0 + cY$ を"独立投資分を上方にシフトさせた曲線が総需要曲線（D）である。すなわち，$D = c_0 + cY + I$ の形で表示されている。それに対し，総供給は，総供給曲線（Z）として，45度線で描かれている。企業は自分の生産した財は，全て売れることを想定している。それゆえ，"意図せざる在庫"は存在しない。その意味で，この曲線は潜在均衡点の軌跡と考えられる。図3-7のE点は総需要曲線（D）と総供給曲線（Z）の交点であり，この一点だけでしか両曲線は交わっていない。この点（E点）で総需要量の大きさに合わせた総供給量（国民所得）が決定される。換言すれば，生産された

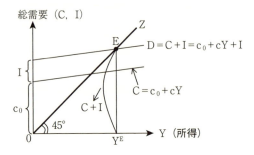

図3-7　均衡国民所得の決定図

財が、ちょうど過不足なく買われている、ということになる。よって、この点で決定される国民所得を"**均衡国民所得**"という。

つぎに、この均衡国民所得の決定を数式を使って説明する。

総需要曲線 $D = C + I = c_0 + cY + I$ (6)

総供給曲線 $Z = Y$ (7)

需給均等式（定義式）$D = Z$ (8)

(8)の条件式により、$c_0 + cY + I = Y$ ——(9)
が得られる。(9)式より Y を解くと、

$$Y = \frac{1}{1-c}(c_0 + I)$$

となる。これが、均衡国民所得の値（Y^E）である。

この E 点は、どんな性質を持っているだろうか。**図3-8**を使って説明しよう。

いま、所得 Y_1 の時、総需要は AY_1、総供給は BY_1 である。図の AB 部分は、"超過需要"になっている。ケインズは、この部分を"**意外の利潤**"（windfall profit）と呼んでいる。企業は、財が売れていると判断して生産量を増加する。逆に、いま、所得 Y_2 の時、総需要は GY_2、総供給は FY_2 である。図の FG 部分は、"超過供給"になっている。ケインズは、この部分を"**意外の損失**"（windfall loss）と呼んでいる。企業は、財が売れていないと判断して、生産量

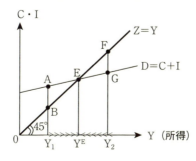

図3-8　E点は均衡点

を減少する。その結果，生産量は Y^E に収束し，総需要と総供給が一致する。そこでこのE点のことを，「作った財が有効に全て需要されている」という意味で，**"有効需要の点"** と呼んでいる。

2　投資・貯蓄均等式による国民所得の決定

　次に，投資と貯蓄の均等による国民所得の決定メカニズムを説明する。

　総需要曲線（D）は，消費（C）＋投資（I），総供給曲線（Z）は消費（C）＋貯蓄（S）で表されたことを思い出してもらいたい。総需要（D）＝総供給（Z）から，C＋I＝C＋Sという式がでてくる。両辺から共通項の消費（C）を消去すると，投資（I）＝貯蓄（S）になることがわかる。これは，一般に **"ISバランス"** または **"投資・貯蓄均等式"** と呼ばれている。

　図3-9をみてほしい。投資関数は "独立投資" ゆえに，横軸に平行な直線となる。貯蓄関数は，傾きが $(1-c)$ で，切片 $-c_0$，右上がりの直線となる。両曲（直）線の交点E点は投資（I）＝貯蓄（S）である。いま，所得 Y_1 の時，投資（I）は AY_1，貯蓄（S）は BY_1，AB部分は超過需要，よって企業は生産量を増加する。その結果，国民所得は増加し，均衡国民所得 Y^E に接近する。逆に，いま，所得 Y_2 の時，投資は GY_2，貯蓄は FY_2，FG部分は超過供給となるから，企業は生産量を減少する。その結果，国民所得は減少し，均衡国民所得 Y^E に接近する。このようにして，均衡国民所得はI＝Sになるところで決定される。

　つぎに，上記の国民所得の決定を数式を使って説明しておこう。

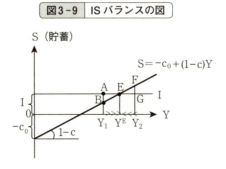

図3-9　ISバランスの図

投資関数 $I = I$ (10)

貯蓄関数 $S = -c_0 + (1-c)Y$ (11)

均等式 $I = S$ (12)

(12)式に(10)式と(11)式を代入すると，

$I = -c_0 + (1-c)Y$ (13)

となる。この式を Y について解くと，$Y = \dfrac{1}{1-c}(c_0 + I)$ となり，先に示した「均衡国民所得の値」と同じ値になる。

3 　貯蓄と投資の変化による国民所得の変化

ここで，貯蓄と投資が変化した場合，国民所得がどうなるか，をみておこう。

まず，家計の貯蓄率が高まったケースを考える。**図3-10**にあるように，限界貯蓄性向が大きくなるので，貯蓄関数は S_1 から S_2 へと左に移動する。その結果，国民所得は Y_1 から Y_2 へと減少する。それは，人々が節約をし，貯蓄を増やした結果，総需要の最大項目である "消費" が減少したからである。このような現象を，"**貯蓄のパラドックス**" という。

つぎに，投資（I）が増加したケースを考える。**図3-11**にあるように，いま，

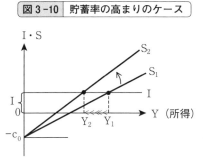

図3-10 　貯蓄率の高まりのケース

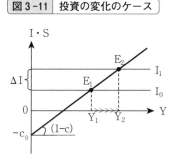

図3-11 　投資の変化のケース

投資がI_0からI_1へと増加すると、投資関数は上方にシフトする。その結果、国民所得もY_1からY_2へと増加する。投資をどの位増加すると、国民所得がどの位増加するか。これが、次章のテーマとなる。「乗数理論」である。

4 政府支出を加えるモデル――"閉鎖体系"

1　閉鎖モデル

これまで、総需要曲線（D_1）は、消費（C）＋投資（I）で考えてきた。ここでは、総需要のもう1つの構成要因である"政府支出（G）"を加えた閉鎖体系での国民所得の決定メカニズムを説明する。

政府支出のない総需要曲線（D_1）に、政府支出（G）分を上方にシフトさせた総需要曲線（D_2）と総供給曲線（Z）との交点E_2で均衡国民所得Y_2が決定される（**図3-12参照**）

以上を数式を用いて説明するとつぎのようになる。

$$総需要曲線 \quad D = C + I + G = c_0 + cY + I + G - cT \tag{13}$$

$$総供給曲線 \quad Z = Y \tag{14}$$

$$総需要 = 総供給 \quad D = Z \tag{15}$$

(15)式に、(13)式と(14)式を代入すると（Tは租税とする）、$c_0 + cY + I + G - cT = Y_0$となる。これをYについて解くと、

$$Y = \frac{1}{1-c}(c_0 + I + G - cT) \tag{16}$$

この(16)式が、政府支出を加えた閉鎖体系の"均衡国民所得"である。

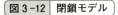

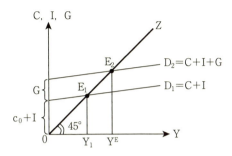

表3-3 財市場について

曲線群	均衡国民所得 (Y^E)	ISバランス	閉鎖モデル
総需要曲線⇒D=C+I $D=c_0+cY+I$ 総供給曲線 Z=Y=C+S	$Y^E=\dfrac{1}{1-c}(c_0+I)$	I(投資)=S(貯蓄)	D=C+I+G Z=C+S+T $Y^E=\dfrac{1}{1-c}(c_0+I+G-cT)$

2　ギャップ問題

　いままで求めてきた"均衡国民所得"の大きさは，必ずしも"完全雇用"を達成できる国民所得（これを**完全雇用国民所得**という。）の大きさとは限らない。そこで，完全雇用を達成するには，総需要がどの位不足しているか。これをデフレ・ギャップという。逆に，総需要がどの位多すぎるか。これをインフレ・ギャップという。つぎに，この2つのギャップについて説明する。

　図3-13を見て欲しい。今，均衡国民所得（Y^E）は，完全雇用国民所得（Y_F）よりも小さい。いま，E点では，総需要と総供給が等しく，財市場での均衡が成立している。しかし，雇用はまだ失業の存在している不況の状況である。この失業をなくし，完全雇用の段階にもっていくには，総需要が不足している。図では，FGの部分だけ総需要が不足している。このFG部分を**"デフレ・ギャップ"**という。FG部分総需要を増加すると，図では総需要曲線がD

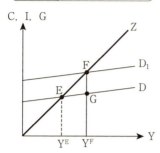

図3-13 デフレ・ギャップ

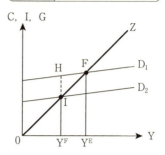

図3-14 インフレ・ギャップ

表3-4 単純経済閉鎖モデルとギャップ

単純経済モデル	閉鎖モデル	インフレ・ギャップ	デフレ・ギャップ
$Y^E = \dfrac{1}{1-c}(c_0+I)$	$Y^E = \dfrac{1}{1-c}(c_0+I+G)$	$Y^F < Y^E$	$Y^F > Y^E$

から D_1 へシフトさせると完全雇用が達成できる。

つぎに，**図3-14**を見て欲しい。今，均衡国民所得（Y^E）は，完全雇用国民所得（Y^F）より大きい。いま，F点では，総需要と総供給が等しい。均衡国民所得が財市場では，達成されている。しかし，雇用は，完全雇用国民所得の大きさをはるかに超えている。つまり，好況を呈し，人手不足が顕著になっている。その原因は，総需要が多すぎるからである。図でいえば，総需要が図のHI部分だけ多いからである。このHI部分を**インフレ・ギャップ**という。HI部分の総需要を減少させることにより，完全雇用が達成できるのである。

以上のように，「総需要が雇用を決定する」のであり，総需要の調整を通して，完全雇用が達成できるのである。

第 4 章

乗数と消費関数

キーワード

- **不況期の国民所得**
  不況期に公共事業をすることは民間企業を失業した人々を公的部門に就業させるにすぎないので古典派の人々は効果の拡大に反対した。
- **カーンのケース**
  ケインズの弟子のカーンは，論文の中で公共投資を行うことによって失業者が職を得て，支出をすることに注目する。この支出の増加が生産に波及し，更に雇用を拡大させるという考えを提示した。
- **乗数理論**
  このカーンの着想をケインズは「一般理論」の中で「乗数理論」という形で展開している。
- **投資乗数**
  投資の増加による GDP の増加の割合。
- **政府支出乗数**
  政府支出の増加による GDP の増加の割合。
- **租税乗数**
  租税の増加による GDP の増加の割合。
- **均衡予算乗数**
  これは政府支出分 GDP を増加する。
- **総需要管理政策**
  「総需要の調整」は，経済を比較的安定して運用することが可能になった。それにより大恐慌のような極端な不況は皆無になった。

室町時代の歴史書に『太平記』がある。その巻三十五に「北野通夜物語の事，付けたり青砥左衛門の事」という節がある。話はこうである。鎌倉時代，この逸話の主人公青砥（氏）は，北条執権八代時宗（法光院殿）九代貞時（最勝園寺殿）の引付衆の1人である。「青砥左衛門夜に入りて出仕けるに，いつも燧袋（ひうちぶくろ）入りて持ちたる銭十文，取りはづして，滑川（由比ヶ浜に流れ出る川）へぞ落ち入れたりける。」彼は早速銭十文を探すために，ある町屋（商人の家）へ銭五十文を払って続明（松明）を十把求めた。この話を聞いた人々は「十文の銭を求めんとて，銭五十文を以て続松を買ひて燃したるは小利大損かな」と冷笑した。それを聞いた青砥は眉をひそめて「さればこそ，あなら（御辺たち）は，愚かにて世の費へを知らず。民を恵む心無き人なれ。銭十文は今探し出さなければ滑川の底に沈みて永く失せぬなり。それがし続松を買いつる五十文の銭は商人の家に止まって永く失すべからず。わが損は商人の利なり。」と。さらに彼は続けてつぎの様にいう。「かれこれ六十の銭を一つをも失はず。あに天下の利にあらずや」と。これを聞いた人々は「舌を振りて（非常にその卓見におそれる様子）感じける」とある。

　この逸話は，ケインズの「有効需要の原理」の根幹を示唆すると同時に，これから学んでいく"乗数効果"を彷彿させるものがある。「世の費へ」とは，今風でいえば，"消費"のことである。青砥の消費によって，貨幣の形で商人の懐に入る。この商人は，"蓄え"を除いて他の財を買うのに費やすだろう。次々に波及してゆけば，経済は発展してゆくだろう。「天下の利なり」と彼が主張しているのは，以上のことを見通しているからにほかならない。

　そこでこの章では，次の順序で説明をする。
① 公共投資（政府支出）に対する古典派とケインズの愛弟子カーン（Kohn）の考え方の違い。
② さまざまな"乗数"について。
③ 税のあるケースと税のないケースの違いについて。
④ 総需要管理政策とは何か。

1 不況対策を巡る公共投資のあり方

　1920年末から30年代初めにかけてイギリスの大半の経済学者は，公共投資による公共事業が失業者数を減らすことができるという見解に賛意を示していた。断固反対の姿勢を示していたのは，ホートレーと大蔵省・経済界であった。

　反対意見の根拠はどんな点にあったのだろうか。つぎの2点があげられている。

　第一点は，政府による公共事業は，失業者数を減らさない。民間企業を失業した人を，単に公的部門に配置換えをしたにすぎない，とされる。

　第二点は，公共投資を行うには，その過程で得た資金（増税にせよ，国債にせよ）を使用する点に問題がある。公共投資は，金利を上昇させると同時に，民間投資を抑圧する。さらにいえば，（本来，民間にまわる資金が政府に吸い上げられ，民間投資が少なくなるのである）それゆえ，雇用につながらないからである。

　特に，第二点は，現代経済学では良く知られている"クラウディング・アウト"と呼ばれる現象である。このような2つの理由から，ホートレーらは反対したのである。

　以上のような強固な反対論に対して，有力な対抗策が，ケンブリッジ・サーカスの中から出された。ケインズの愛弟子カーン（Kohn）は，1931年に「国内投資の失業に対する関係」(The Relation of Home Investment to Unemployment) という論文を出したが，その論文のポイントは，次の点にあった。政府による公共投資で，一定数の人々が雇用されたとする。この雇用により，雇用された人々は所得を得て，それを支出すれば，その分だけ生産が増える。その結果，更なる雇用の増加に繋がる。つまり，この雇用の増加のくり返しにより，はじめ政府に雇用された人数の数倍の人数が雇用に浴するとする。この考えが後に"乗数効果"と呼ばれるものとなる。ケインズは，これを武器に反対論を完璧なきまでに，打破するのである。

2 さまざまな乗数

前章で，政府部門を加えた"閉鎖モデル"の均衡国民所得が，

$$Y^E = \frac{1}{1-c}(c_0 + I + G - cT)$$

という形で求められた。この式からわかることは，投資（I），政府支出（G）及び租税（T）という外生変数が変化すると，均衡国民所得も変化する。この節では，これらの**"外生変数"**を変化させると，均衡国民所得（以下国民所得で統一する）が，どのようになるかを，説明する。

1 投資の変化

政府支出（G）と租税（T）を与件として，投資（I）を変化させる。**図4-1**をみてほしい。Zは総供給曲線，D_1，D_2は総需要曲線。いま，投資をΔIだけ増加すると，総需要曲線は，D_1からD_2へ上方にシフトする。それに伴い均衡点がE_1からE_2へと変化する。同時に，国民所得もY_1からY_2へ増加する。その増加分をΔY（$Y_2 - Y_1$）とする。投資の増加分ΔIと国民所得の増加分ΔYはどちらが大きいか。いま，E_1点から横軸に平衡の補助線を引き，その足をG点とする。投資の増加分（ΔI）は図の$E_2 F$の大きさである。

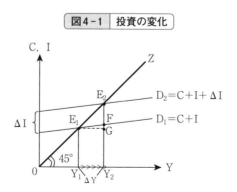

図4-1 投資の変化

国民所得の増加分（ΔY）は E_1G である。ただ三角形 E_1GE_2 は $E_1G=E_2G$ となる二等辺三角形である。それゆえに，E_1G は E_2G と計測してもよい。以上のことから，投資の増加分（ΔI）よりも国民所得の増加分（ΔY）の方が，大きいということがわかる。

投資の変化分がどの位国民所得を変化させるか，$Y=\frac{1}{1-c}(c_0+I+G-cT)$ の式から，変化分を求めると，$\Delta Y=\frac{1}{1-c}\Delta I$ となる。この式を $\frac{\Delta Y}{\Delta I}=\frac{1}{1-c}$ と変形させる。$\frac{\Delta Y}{\Delta I}$ とは，「投資を1単位増加した時の国民所得の増加分」を表し，これを「**投資乗数**」と呼んでいる。また，先の $\Delta Y=\frac{1}{1-c}\Delta I$ の式は「投資を ΔI だけ増加すると，国民所得は "投資乗数" $\left(\frac{1}{1-c}\right)$ 倍増加する。」という意味となる。

さて，この投資乗数に数値を入れてみよう。$c=0.9$ を入れると，$\frac{1}{0.1}=9$，$c=0.5$ を入れると，$\frac{1}{0.5}=2$ となる。以上の数値例からわかることは，投資額を一定値とすると，投資乗数の値が大きい数，国民所得の増加分が大きくなる，ということである。このことから，ケインズは，「消費せよ！消費こそ国民所得を大きく増加させる。」という**消費美徳論**を展開する。

2　政府支出の変化

つぎに，投資（I）と租税（T）を与件として，政府支出を ΔG だけ増加したケースを説明する。Z は総供給曲線である。D_1，D_2 は総需要曲線である。

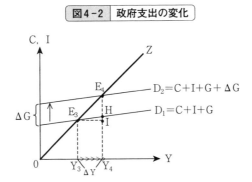

図4-2　政府支出の変化

図4-2をみてほしい。いま，政府支出をΔGだけ増加すると，総需要曲線はD_1からD_2へ上方にシフトする。それに伴い，均衡点もE_3からE_4へ移動する。同時に，国民所得もY_3からY_4へ増加する。Y_4からY_3を控除した残差をΔYとする。政府支出の増加分は，図4-2ではE_4Hである。それに対して，国民所得の増加分は，図4-2では，E_4Iである。三角形IE_3E_4は，二等辺三角形であるから，$E_3I=E_4I$となる。よって，E_3IはE_4Iと等しいので，国民所得の増加分が計測可能となる。それゆえ，政府支出の増加分E_4Hよりも，国民所得の増加分E_4Iの方が大きい。

では，どの位大きいのだろうか。$Y=\dfrac{1}{1-c}(c_0+I+G-cT)$の式に着目する。政府支出の変化分は，どの位国民所得を変化させるのか。$\Delta Y=\dfrac{1}{1-c}\Delta G$となる。この式を$\dfrac{\Delta Y}{\Delta G}=\dfrac{1}{1-c}$に変形する。この式は「政府支出を一単位増加すると，国民所得はどの位増加するか」を意味し，**政府支出乗数**と呼ばれている。また，先の$\Delta Y=\dfrac{1}{1-c}\Delta G$の式は「政府支出を$\Delta G$だけ増加すると，国民所得は政府乗数$\left(\dfrac{1}{1-c}\right)$倍増加する」ことを意味している。

3　租税の変化―減税のケース

つぎに，投資（I）と政府支出（G）を与件として，租税（ここでは減税）を変化させるとどうなるか。

閉鎖体系では，総需要（D）は消費（C）と政府支出（G）と投資（I）から成る。それに対し，総供給（Z）は，消費（C）と貯蓄（S）と租税（T）から成る。総需要（D）＝総供給（Z）は，ここでは，投資（I）＋政府支出（G）＝貯蓄（S）＋租税（T）の形で表示してもよい。図4-3は，その様相が描かれている。

いま，租税をT_0からT_1へと減税をしたケースを説明しよう。貯蓄（S）＋租税（T）曲線は，右シフトをして，均衡点はE_1からE_2に移る。同時に，国民所得もY_1からY_2へと増加をする。

租税が変化した時，国民所得はどの位になるか。数式で示してみよう。$Y=\dfrac{1}{1-c}(c_0+I+G-cT)$の式の変化分をとると，$\Delta Y=\dfrac{1}{1-c}(-c\Delta T)$となる。

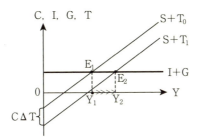

図4-3 租税の変化

この式を整理すると $\Delta Y = \dfrac{-c}{1-c}\Delta T$ となる。この式は，租税を ΔT だけ変化させると，国民所得は「租税乗数 $\left(\dfrac{-c}{1-c}\right)$ 倍だけ変化する」という意味である。$\dfrac{\Delta Y}{\Delta T}=\dfrac{-c}{1-c}$ これが，**"租税乗数"** と呼ばれるものである。(ここでは減税を想定しているので，ΔT はマイナス，よって右辺全体の符号はプラスになる。ΔY もプラスになる。逆に，増税の場合は，ΔT はプラスとなる。右辺全体の符号はマイナスとなるので，ΔY もマイナスになる。)

4　均衡予算のケース

租税（T）と政府支出（G）を同額だけ増加させる。いわゆる「均衡予算制約下」では，どうなるだろうか。

$Y=\dfrac{1}{1-c}(c_0+I+G-cT)$ の式から，政府支出（G）の変化分は，国民所得（Y）にどれだけの変化分をもたらすか。$\Delta Y=\dfrac{1}{1-c}\Delta G$ が求められる。更に，租税（T）の変化分は，国民所得（Y）にどれだけの変化分をもたらすか。$\Delta Y=\dfrac{-c}{1-c}\Delta T$ が求められる。均衡予算を維持するためには，両方の乗数を足し合わせると，$\dfrac{1}{1-c}\Delta G+\dfrac{-c}{1-c}\Delta T$ となる。ここで $\Delta G=\Delta T$ より，$\dfrac{1}{1-c}\Delta G+\dfrac{-c}{1-c}\Delta G$ と変形できる。よって $\Delta Y=\dfrac{1-c}{1-c}\Delta G$ から $\Delta Y=\Delta G$ が求められる。これは更に，$\dfrac{\Delta Y}{\Delta G}=1$ と変形できる。

以上のことから，次のことがわかる。$\dfrac{\Delta Y}{\Delta G}$ という「**均衡予算乗数**」は，限界消費性向の値にかかわらず，常に1になる。これを「**均衡予算乗数の定理**」

図4-1 さまざまな乗数

投資乗数	政府乗数	租税乗数	均衡予算乗数
$\dfrac{\Delta Y}{\Delta I}=\dfrac{1}{1-c}$	$\dfrac{\Delta Y}{\Delta G}=\dfrac{1}{1-c}$	$\dfrac{\Delta Y}{\Delta T}=\dfrac{-c}{1-c}$	$\dfrac{\Delta Y}{\Delta G}=1$

という。

2つの政府支出乗数について

　前節で、租税のない政府支出乗数は、$\dfrac{1}{1-c}$ となることを説明した。本節では、租税のある政府支出乗数を導出する。その上で、租税のない政府支出乗数と租税のある政府支出乗数とでは、どんな相違が見られるかを説明する。

　さて、租税のあるケースとは、消費関数 $C=c_0+cY$ の cY 部分が $c(Y-T)$ となる。つまり、所得（Y）から租税（T）を控除した形で、一般に"可処分所得"と言われるものである。ここでの租税は、$T=tY$（t：税率）という形で表示しよう。$Y=c(Y-T)+c_0+I+G$（閉鎖体系）の式を思い出して欲しい。この式のT（租税）部分に $T=tY$ を代入する。$Y=c(Y-tY)+c_0+I+G$ になる。政府支出の変化分をとると、国民所得はどの位変化するか。$\Delta Y=c(\Delta Y-t\Delta Y)+\Delta G$ という形で表される。更に、右辺の $c(\Delta Y-t\Delta Y)$ を左辺に移項して、整理すると $\Delta Y\{1-c(1-t)\}=\Delta G$ となる。これを更に変形すると $\dfrac{\Delta Y}{\Delta G}=\dfrac{1}{1-c(1-t)}$ となる。これが、租税のあるケースの「政府支出乗数」である。

　次に、租税のない政府支出乗数 $\left(\dfrac{1}{1-c}\right)$ と租税のある政府支出乗数 $\left(\dfrac{1}{1-c(1-t)}\right)$ を比較するために $c=0.8$、$t=0.1$ を代入してみよう。租税のない政府支出乗数は $\dfrac{1}{1-0.8}=5$、それに対し、租税のある政府支出乗数は $\dfrac{1}{1-0.8(1-0.1)}=\dfrac{1}{1-0.8\times0.9}=\dfrac{1}{1-0.72}=\dfrac{1}{0.28}\fallingdotseq 3.5$ となる。後者は、前者ほど国民所得は増加しない。これはどういうことか。租税の要因が入ると、景気の行き過ぎ（景気の落ち込みすぎ）をやわらげる機能が働く。いわゆる、"**自動安定化装置**"（ビルト・イン・スタビライザー）の役割を演じているのであ

る。それゆえ，政策当局は，租税も適切に採用することにより，景気を上手に安定化させることが可能になる。

総需要管理政策の役割

前節までに，さまざまな"乗数"を説明してきた。投資（I）や政府支出（G）や租税（T）を変化させることにより，国民所得が変化することがわかった。政策当局は景気の状況に応じて，さまざまな乗数を上手に利用して，国民所得を適切にコントロールすることが可能になった。

政府支出の増加は，財市場において，直接的な需要の増加となって現れる。また，減税の様なケースは，"可処分所得"が"消費"という需要要因を刺激する間接的な需要の増加となって現れる。

このように，乗数等を適切に政策の中に組み込む様になった結果，大恐慌の様な極端な不況に陥ることが皆無になった。ケインズのいう"総需要管理政策"を柔軟性をもって動かすことにより，"マクロ経済政策"は，戦後（第二次大戦）の経済を比較的平穏な状況にしたことは否めまい。その意味で，"総需要管理政策"は画期的なものといってよいだろう。

第 5 章

生産物市場と IS

キーワード

- **貯蓄**
  マクロ経済学では，租税を無視すると，家計は所得の全てを消費と貯蓄に振り分けると仮定する。したがって，貯蓄 S とは，国民所得 Y のうち消費 C に回さなかった残りの部分であり，S=Y-C と定義される。

- **限界貯蓄性向**
  限界貯蓄性向とは，国民所得が 1 ％変化した際の貯蓄の変化分を意味する。国民所得の増加分は，消費の増加と貯蓄の増加に全て回されるため，限界貯蓄性向と限界消費性向を足すと 1 になる。したがって，限界消費性向を c で示すと，限界貯蓄性向は 1-c で表される。

- **割引現在価値**
  同じ金額であっても，現在の得られるものと，将来得られるものでは，その価値に違いが出てくる。たとえば，来年得られる100万円の価値は，現在得られる100万円とは等価ではない。なぜならば，現在得られた100万円を預金しておけば，来年には100万円＋利息となり，価値が増殖しているからである。そこで，将来の価値に対してこうした利息分を割り引いて現在の価値に換算したものが，割引現在価値である。割引現在価値は，$\dfrac{将来の価値}{(1+利子率)^{年数}}$ という式で求められる。

- **資本の限界効率（投資の限界効率）**
  資本の限界効率（投資の限界効率）とは，投資の費用と，その投資から得られる将来収益の割引現在価値の合計を等しくする割引率のことである。
  ケインズは，市場の利子率と，資本の限界効率の比較によって，企業は投資の意思決定を行うと論じた。すなわち，利子率が資本の限界効率よりも高ければ投資は不利であり，逆に利子率が資本の限界効率よりも低ければ投資は有利であるため，したがって利子率と資本の限界効率が等しくなる水準で投資が決定されるのである。

・投資関数
　ケインズの資本の限界効率論より，投資は利子率によって決定される。すなわち，利子率が下落すると，資本の限界効率のより低い投資も可能となり，投資量が増加する。したがって，投資は利子率の減少関数であり，$I=I(r)$ と表される。
・IS曲線
　IS曲線とは生産物市場の均衡（$I=S$ であり，$Y^S=Y^D$ である）をもたらす利子率 r と国民所得 Y の組み合わせの軌跡であり，縦軸に利子率 r，横軸に国民所得 Y をとる図の中では，右下がりの曲線で表される。それは，利子率 r が下落すると投資 I が増え，それに応じて貯蓄 S が増えなければならないため，国民所得 Y も増加するということを示している。

　第3章・第4章で学んだ生産物市場（財市場）では，45度線分析を用いて，総需要 Y^D と総供給 Y^S の等しくなるところで均衡国民所得 Y^* が決定されることをみた。この45度線分析では，生産物市場のみに焦点を当てたため，貨幣市場で決定される利子率は不変として扱っていた。

　しかしながら，後の第7章では，生産物市場だけでなく，貨幣市場も同時に分析するため，貨幣市場で決定される利子率も変化するものとして扱わなければならない。そこで，本章では，貨幣市場における利子率の変化が，生産物市場における均衡国民所得をどのように変化させるのかを考える。

 貯蓄と投資による生産物市場の均衡

　第3章・第4章では，45度線分析を用いて，総需要と総供給の等しくなるところで均衡国民所得が決定されることを見た。しかし，この国民所得の決定は，別の視点からも見ることが可能である。それは，貯蓄と投資の等しくなるところで，均衡国民所得が決定されるというものである。

　いま民間部門のみを考慮したマクロ経済モデルでは，生産物市場の均衡条件である総供給 Y^S ＝総需要 Y^D は，

$$Y^S = Y \tag{1}$$

$$Y^D = C + I \tag{2}$$

より,

$$Y = C + I \tag{3}$$

となる。前章までで定義されたように, Y は国民所得, C は家計の消費支出, I は企業の投資支出である。

さてここで, 貯蓄 S を, 国民所得 Y のうち消費 C に回されなかった残りの部分とし, (4)式のように定義する。

$$S = Y - C \tag{4}$$

これを移項すると,

$$Y = S + C \tag{5}$$

となり, この(5)式を, 生産物市場の均衡条件である(3)式に代入すると, 貯蓄 S は,

$$S + C = C + I \tag{6}$$

したがって,

$$S = I \tag{7}$$

となる。すなわち, 生産物市場において均衡国民所得 Y^E が決定されるところは, 総需要 Y^D と総供給 Y^S の等しいところであり, かつ貯蓄 S と投資 I の等しいところなのである。

ところで, 前章までで学んだ消費関数 $C = c_0 + cY$ を用いると, (4)式の貯蓄は,

$$S = Y - (c_0 + cY) \tag{8}$$

と表すことができる（c_0は基礎消費，cは限界消費性向である）。この(8)式を**貯蓄関数**と呼ぶ。この貯蓄関数を展開すると，

$$S = Y - c_0 - cY \tag{9}$$

となり，したがって

$$S = -c_0 + (1-c)Y \tag{10}$$

となる。ここで(10)式の右辺に示される1から限界消費性向を差し引いた（$1-c_1$）は，**限界貯蓄性向**と呼ばれ，国民所得の変化分に対する貯蓄の変化分と定義される。なおこのことから，

$$1 = 限界消費性向 + 限界貯蓄性向 \tag{11}$$

であることにも注意されたい。

図5-1を用いて，生産物市場における均衡を確認してみよう。図5-1は，縦軸に総供給Y^Sと総需要Y^Dの項目をとり，横軸に国民所得Yをとっている。民間部門の生産物市場のみを考慮しているため，投資Iは一定（すなわち$I =$

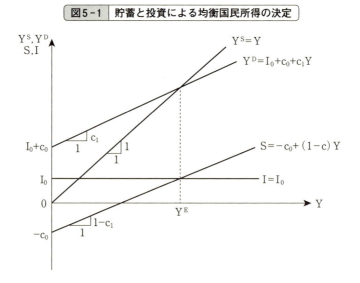

図5-1　貯蓄と投資による均衡国民所得の決定

I_0) であり，需要項目も家計部門 C（$=c_0+cY$）と企業部門 $I=I_0$ のみと仮定される。

図5-1では，総供給曲線 Y^S は原点を通る45度線（すなわち，傾きが1）で表され，総需要曲線 Y^D は切片が I_0+c_0 であり傾きが c_1 の右上がりの直線で表される。そして，均衡国民所得 Y^E は $Y^S=Y^D$ となる交点で決定されている。

また，貯蓄 S は切片が $-c_0$ であり傾きが $1-c_1$ の右上がりの直線で表され，投資 I は切片が I_0 で一定の水平線で表されている。そして，均衡国民所得 Y^* は S=I となる交点，すなわち $-c_0+(1-c)Y=I_0$ の値に決定される。

2 投資と利子率

これまでの生産物市場の分析では，均衡国民所得の決定プロセスのみに焦点を当てようと分析を単純化してきたため，企業の投資 I は一定 I_0 であると仮定してきた。しかしながら，より現実的には企業の投資 I も何らかの要因によって決定されるため，それを分析することは重要である。

企業の投資は，借入金によって行われると仮定されるため，その投資から得られる将来の予想収益と，その投資のための借入金の利払いを比較・考慮して，決定される。すなわち企業は，予想収益＞利子ならば利益を生むので投資を行い，逆に予想収益＜利子ならば利益をもたらさないので投資を行わない。つまり，企業の投資は，予想収益＝利子となるまで行われることになるのである。

いま，企業がある機械設備を購入する投資計画をもっているとする。その機械設備は，購入費用が10億円であり，耐用年数が5年であるが，毎年2.6億円の収益を生み出すと予想される。また，現行の市場利子率 r が年利5％であったとする。そのとき，企業がその投資計画を実行するか否かを決定するには，購入予定の機械設備から得られるであろう予想収益率 ρ を求め，それを現行の市場利子率 r と比較する必要がある。この予想収益率 ρ は，購入予定の機械設備の費用に等しくおかれた，購入予定の機械設備の耐用期間中に得られると予想される収益の数列を現在価値に割り引く値として求められる。すなわち，

$$10=\frac{2.61}{(1+\rho)}+\frac{2.6}{(1+\rho)^2}+\cdots+\frac{2.6}{(1+\rho)^5}$$

の式の中のρを計算によって求めることになる。これを，パソコンを使って求めると，約0.094という値が得られる。現行の市場利子率rが5％（＝0.05）であるので，ρ≈0.094＞0.05＝rであり，予想収益率ρが利子率rを上回っているため，この計画は企業にとって有益であり，投資が行われることになる。

一方，もし現行の市場利子率rが10％（＝0.1）であったとしたら，予想収益率ρは利子率rを下回るため，企業にとってこの計画は不利となり，投資は行われないことになる。

なお，現在価値に割り引くとは，機械設備を購入する時期と収益が得られる時期に時間差があるため，同じ額でも現在の金額と将来の金額とでは価値が異なることから行われる処理である。すなわち，将来の金額（将来価値）を（1＋利子率）^{年数}で割ることで現在の金額と比較可能にすることであり，これによって求められた値を**割引現在価値**と呼ぶ。

以上のことを一般化すると，いまC円の投資がn年間にわたって$R_1, R_2, …, R_n$円の収益をもたらすと予想されるとき，予想収益率ρは，

$$C = \frac{R_1}{(1+\rho)} + \frac{R_2}{(1+\rho)^2} + \cdots + \frac{R_n}{(1+\rho)^n}$$

という式の解として求められる。ケインズは，この予想収益率ρのことを**資本の限界効率**（投資の限界効率）と呼び，その値と利子率の比較から投資が決

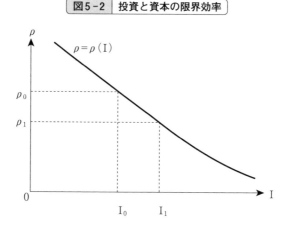

図5-2　投資と資本の限界効率

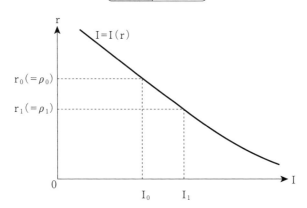

図5-3 投資関数

定されるとした。すなわち，資本の限界効率 ρ ＜利子率 r ならば，損失が生じるため，投資は不利である。逆に，ρ＞r ならば利益が得られるため投資は有利であり，結局 ρ＝r となる水準で投資が決定されるのである。

この資本の限界効率 ρ と投資 I の関係は，資本の限界効率関数 $\rho = \rho(I)$ と呼ばれ，**図5-2** に示されたように右下がりの曲線で表される。これは，投資量が I_0 のときは資本の限界効率が ρ_0 の投資が行われるが，投資量が I_1 に増えると資本の限界効率のより低い ρ_1 も投資しなければならなくなることを意味している。

上述したように，投資は ρ＝r となる水準で決定されるため，**図5-2** の投資量 I_0 は資本の限界効率 ρ_0 が利子率 r_0 と一致する水準になっており，また投資量 I_1 は資本の限界効率 ρ_1 と利子率 r_1 が一致する水準となっている。そこで，**図5-2** の縦軸を資本の限界効率 ρ ではなく，利子率 r に置き換えて描いたのが，**図5-3** の**投資関数** $I = I(r)$ である。**図5-3** において，投資関数は右下がりの曲線（投資曲線）で描かれているが，これは利子率 r が下落すると，資本の限界効率のより低い投資も可能となり，投資量 I が増加するということを意味している。つまり，投資は利子率の減少関数なのである。そして，その利子率は，第6章で学ぶ貨幣市場における貨幣供給と貨幣需要のバランスで決まるのである。

図5-4 IS曲線の導出

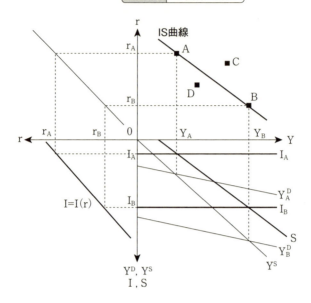

3 IS曲線

　以上までで，企業の投資Iは，利子率rによって決定されることをみた。さらに，家計の貯蓄Sは国民所得Yによって決定され，また貯蓄Sと投資Iが等しくなるところで均衡国民所得Y^Eが決定されることをみた（すなわち，そこにおいては，総供給Y^Sと総需要Y^Dも等しくなる）。これらの関係をまとめたものが，**図5-4**である。

　図5-4の第Ⅳ象限には**図5-1**（45度線分析）が上下反転して描かれており，第Ⅲ象限には**図5-3**（投資関数）が軸を変換して描かれている。いま，第Ⅲ象限において，利子率がr_Aであるならば，投資関数$I=I(r)$より投資量はI_Aとなり，貯蓄S＝投資I_Aより国民所得はY_Aに決定される。この国民所得Y_Aは，総供給Y^Sと投資がI_Aのときの総需要Y_A^Dの交点からも，決定される。

　次に，利子率がr_Bに下落したとする。利子率がr_Bになると，投資関数$I=I(r)$より投資量はI_Bに増加し，貯蓄S＝投資I_Bより国民所得はY_B^Dに増大する。

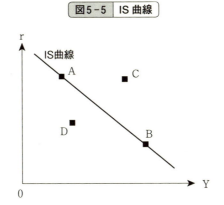

図5-5 IS曲線

この国民所得 Y_B は，総供給 Y^S と投資が I_B に増加したときの総需要 Y_B^D の交点からも，決定される。

このような利子率の変化による国民所得の変化を**図5-4**の第Ⅰ象限にプロットすると，利子率が変化する前の r_A と国民所得 Y_A の組み合わせが点A，利子率が変化した後の r_B と国民所得 Y_B の組み合わせが点Bとなり，その両点を結んだ軌跡が **IS曲線**と呼ばれるものになる。

ここで，**図5-4**より第Ⅰ象限のみを取り出したものが**図5-5**のIS曲線になる。IS曲線の名称のIは投資（Investment）を，Sは貯蓄（Save）を意味しており，利子率 r（縦軸）と国民所得 Y（横軸）の関係を表す図の中でそれは右下がりの曲線として示される。IS曲線とは生産物市場の均衡（I＝S）をもたらす利子率 r と国民所得 Y の組み合わせの軌跡であり，それは利子率 r が下落すると投資Iが増え，それに応じて貯蓄Sが増えなければならないため，国民所得Yも増加するということを示している。もちろんその逆に，利子率 r が上昇すると投資Iは減り，したがって貯蓄Sも減るため国民所得Yも減少する。

図5-5のIS曲線上の全ての利子率と国民所得の組み合わせ（たとえば，IS曲線上の点Aや点B）においては，生産物市場で均衡（$Y^S = Y^D$）が成立している。しかしながら，IS曲線上から右側（外側）に外れた任意の点（たとえば図中の点C）の利子率と国民所得の組み合わせにおいては生産物市場で超過

供給（$Y^S > Y^D$）が生じており，逆に IS 曲線上から左側（内側）に外れた任意の点（たとえば図中の点 D）の利子率と国民所得の組み合わせにおいては生産物市場で超過需要（$Y^S < Y^D$）が生じていることにも注意されたい。このことは，**図 5-4** の第Ⅳ象限の中に示された点 C および点 D から検証できる。**図 5-4** において，IS 曲線の外側に示された点 C の利子率 r と国民所得 Y の組み合わせに着目すると，その利子率によってもたらされる投資水準 I を内包しかつその国民所得水準にあるであろう総需要 Y^D は，その国民所得をもたらす総供給 Y^S よりも小さい（すなわち，点 C の国民所得水準において，総需要は総供給よりも横軸に近く位置する）。一方，**図 5-4** において，IS 曲線の内側に示された点 D の利子率 r と国民所得 Y の組み合わせに着目すると，その利子率によってもたらされる投資水準 I を内包しつかつその国民所得水準にあるであろう総需要 Y^D は，その国民所得水準をもたらす総供給 Y^S よりも大きい（すなわち，点 D の国民所得水準において，総需要は総供給よりも横軸から遠くに位置する）。

第 6 章

貨幣市場と LM

キーワード

- マクロ経済学における資産

  単純化のために「貨幣」と「貨幣以外の資産」すなわち「債券」の2つのみを考えればいい。「貨幣」は，現金をイメージすると分かりやすい。資産としての貨幣は，価値が安定しており，いろいろなものと交換が容易である。「債券」は，株式に似ている。資産としての債券は，価格が変動するので，価値が不安定であるだけでなく，債券ではいろいろなものと交換ができない。

- ワルラスの法則

  貨幣市場が均衡するとき，もう一方の債券市場も自動的に均衡する。貨幣市場と債券市場は表裏一体の関係にあるために，貨幣市場の分析を行ない，その均衡を考えれば十分であると言えるのである。

- 貨幣の機能

  「交換媒介（支払い手段）」，「価値尺度（計算単位）」，「価値保蔵」の3つの機能を持つ。

- 流動性（Liquidity）

  換金性（現金化できる程度）を表す。最も流動性の高い金融資産は現金であり，「流動性＝現金」あるいは「流動性＝貨幣」という意味で使われる場合もある。

- 流動性選好理論

  利子率が貨幣の需要と供給により決定されるという考え方である。

- 貨幣保有の動機

  ケインズは，取引動機，予備的動機，投機的動機の3つに分類した。取引動機は，貨幣の支払い手段の機能に対応して，日々の支払いのために貨幣を保有（需要）することである。予備的動機は，将来の不意の支出に備えて，貨幣を余分に保有しておこうというものである。投機的動機は，債券と貨幣との間の資産選択行動を仮定し，その結果生じる貨幣保有にあたる。

- **実質貨幣供給量（M^S）**
  名目貨幣供給量（M）を物価（P）で割ることで求められ，$M^S = M/P$ となる。
- **貨幣需要（M^D）**
  取引需要（L_1）と資産需要（L_2）を足すことで求められる。取引需要（L_1）は，取引動機による貨幣需要と予備的動機による貨幣需要で構成される。資産需要（L_2）は，投機的動機による貨幣需要に関係している。
- **流動性の罠**
  利子率が極めて低い状態に達すると資産需要は無限大となる。
- **LM曲線**
  LM曲線のLは，Liquidity Preference の頭文字であり，貨幣需要を表している。LM曲線のMは，貨幣供給（Money Supply）を表している。

1 資産市場の分析

1 貨幣と債券

　現実経済においては，数多くの多種多様な資産が存在する。実物資産としての土地，住宅，工場，橋，道路などや金融資産としての株式，債券，預金などである。実物資産と金融資産は，工場と株式，社債のように表裏一体の関係にあることが多いとされる。このように，たくさんある資産を分析するには，複雑さと面倒さが伴う。そこで，マクロ経済学では，単純化のために資産を2つのみに分けて考える。マクロ経済学における資産は，「**貨幣**」と「貨幣以外の資産」すなわち「**債券**」の2つのみを考えればいいのである。

　「貨幣」は，現金をイメージすると分かりやすい。資産としての貨幣は，価値が安定しており，いろいろなものと交換が容易である。「債券」は，株式に似ている。資産としての債券は，価格が変動するので，価値が不安定であるだけでなく，債券ではいろいろなものと交換ができない。

　資産を貨幣と債券のみと仮定すると，資産市場の分析は，貨幣市場と債券市

場を分析すればよいことになる。資産市場を全体としてみると，**ワルラスの法則**が成り立つ。資産市場は貨幣市場と債券市場の2つのみと仮定しているので，ワルラスの法則が成立している場合，貨幣市場が均衡するとき，もう一方の債券市場も自動的に均衡する。貨幣市場と債券市場は表裏一体の関係にあるために，貨幣市場の分析を行ない，その均衡を考えれば十分であると言えるのである。

2 貨幣とは

(1) 貨幣の機能

貨幣は，「**交換媒介（支払い手段）**」，「**価値尺度（計算単位）**」，「**価値保蔵**」の3つの機能を持つ。

貨幣は，財やサービスを購入する際に支払い手段として使われる。支払い（決済）手段は，貨幣の最も重要な機能である。現実経済は，貨幣経済と呼ばれており，私たちの生活に，貨幣の使用は必要不可欠である。もし，貨幣がない物々交換経済ならば，売り手と買い手の欲求が一致する「欲望の二重の一致」が必要である。物々交換経済では，取引相手が自分の欲しいものを持っていなければならないために，取引が成立することが難しく，経済も活発化しない。貨幣が交換の媒介となることで，「欲望の二重の一致」が必要はなく，取引も容易に成立し，経済も活発になる。

貨幣が支払い手段として使用されると，さまざまな取引は財と貨幣の交換という形で行われるので，その交換比率は，日本の場合であれば「モノ1つ＝何円」で表される。貨幣が財の価値を測る尺度，あるいは計算する単位として使われることを価値尺度（計算単位）機能と呼ぶ。物々交換経済では，交換する財の組合せごとに違った単位が必要だったので，財の比較が難しかったが，貨幣の登場で，計算単位が統一され，価値の比較も容易になった。

貨幣を保有することは，それと同等の財・サービスを蓄えることと同じである。これは，貨幣の価値保蔵機能と呼ばれる。貨幣は，支払い手段として現在の取引に利用することができるが，金融資産の1つとしてそれを保蔵すれば，将来の財やサービスの購入にも使うことができる。

(2) 貨幣の定義

貨幣の定義は，一般的に現金通貨と預金通貨を合計したものと考えられている。それは，M_1という名でも知られている。つまり，貨幣（M_1）＝現金通貨＋預金通貨となる。

貨幣は，支払い手段に着目して定義される。私たちが日常生活で支払い手段として使用している紙幣や硬貨などの現金は，現金通貨と呼ばれる。預金通貨は，金融機関に預けられ，金融機関を通じてやり取りが行われる。銀行預金の中の普通預金や当座預金は，支払い手段として利用可能である。要求払い預金は，預金者が銀行に預金を払ってくれと要求したら，すぐに払ってくれる預金のことである。普通預金は，キャッシュカードですぐに現金がおろせるので，要求払い預金の一種である。当座預金は，小切手が切れる。小切手や振り込み，デビットカードや電子マネーを通じて，支払いに利用できる。

より広義に貨幣を定義することも可能である。M_1に準通貨と呼ばれる定期性預金を加えたのがM_2である。定期性預金は，定期預金のことで満期日前でも解約し現金化できる。M_2に譲渡性預金（CD: Certificates Deposit）を加えたM_2＋CDが，より広義の貨幣の定義になる。譲渡性預金とは，市場での売買を通じて他人に譲渡可能な大口の預金のことである。

さらに範囲を広げると，郵便貯金や信用組合，農協・漁協の預金を加えたM_3＋CD，投資信託，金融債，国債を含めると広義流動性と呼ばれる。（**表6-1参照**）**流動性（Liquidity）**とは，換金性（現金化できる程度）を表す。最も流動性の高い金融資産は現金であり，「流動性＝現金」あるいは「流動性＝貨幣」という意味で使われる場合もある。貨幣の定義を広げることは，より流動性の低い金融資産を含めることに相当する。

代表的な貨幣の定義は，M_1，M_2＋CDと考えられている。貨幣市場の分析では，この定義に従って考察を進める。

表6-1 マネーサプライの範囲

（金融商品）

| 現金
要求払預金 | 定期性預金
外貨預金
譲渡性預金 | 金融債
銀行発行普通社債
金銭の信託 | その他の
金融商品（注） |

（通貨発行主体）

日本銀行
国内銀行（除くゆうちょ銀）
外国銀行在日支店
信用金庫・信金中金
農林中央金庫
商工組合中央金庫

ゆうちょ銀行
農協・信農連
漁協・信漁連
労金・労金連
信用組合・全信組合

保険会社
中央政府
非居住者

M1 / M2 / M3 / 広義流動性

注：金融機関発行CP, 投資信託（公募・私募）, 国債, 外債
出所：日本銀行調査統計局『マネーストック統計の解説』

3　債券価格と利子率

債券とは，その保有者に対して現在から将来にわたり一定期間ごとにあらかじめ決められた額の支払いを約束する証書であると考えるとよい。たとえば，額面100円につき98円の割引価格で購入して，10年間の保有期間を経て，償還されるとする。10年後の満期には額面金額で払い戻され，債券の保有者は，定期的に発生する利息を受け取る。償還期限まで持ち続けてもよいが，自分が望むときに手持ちの債券を売ることもできる。

ケインズは，コンソル債という永久に償還しない債券，すなわち所有している限り利息が発生する債券の価格がどのように決まるかを示した。利息が永久にもらえるコンソル債は，利息の合計金額が債券価格となる。1年ごとにもらえる利息を1円とする。経済学的には，現在もらえる1円と1年後にもらえる1円は同額であっても，同価値ではない。割引現在価値では異なる金額になるためである。債券価格（P_B）は，債券を保有することにより発生する利息の合計の割引現在価値に等しくなる。このとき使用される割引率が利子率（r）

である。利子率は,「現在の円」と「将来の円」との間の「相対価格」ということができる。式で表すと,

$$債券価格(P_B) = \frac{1}{(1+r)} + \frac{1}{(1+r)^2} + \frac{1}{(1+r)^3} \cdots$$

　債券価格は,利子率の逆数に等しくなるように決まる。たとえば,毎年もらえる利息が100円で利子率が5％ならば,債券価格は100÷0.05＝2000円となる。債券価格と利子率の関係は,利子率が上がれば,債券価格は安くなり,利子率が下がれば,債券価格が高くなる。このような関係から,債券価格は利子率の減少関数として描かれる。債券価格が上昇すれば,債券を持つうまみがなくなり,貨幣として所有しようという意思決定が働くことになる。

2 利子率の決定

1　流動性選好理論

　流動性選好理論とは,利子率が貨幣の需要と供給により決定されるという考え方である。ケインズは,利子を貨幣の持つ高い流動性を一定期間手放すことの対価と考える。利子率は,貨幣という便利なもののレンタル価格であり,それは,ある一定時点の実質貨幣供給量と貨幣需要量によって決定される。

　人々は,なぜ利子がつかない,あるいは利子がついてもわずかしかつかない貨幣を保有するのか。**貨幣保有の動機**について,ケインズは,**取引動機**,**予備的動機**,**投機的動機**の3つに分類した。

　取引動機は,貨幣の支払い手段の機能に対応して,日々の支払いのために貨幣を保有（需要）することである。取引動機による貨幣需要は,財・サービスの取引総額,あるいは名目所得に比例する。

　予備的動機は,将来の不意の支出に備えて,貨幣を余分に保有しておこうというものである。この不意の支出も日常的な取引に比例するので,取引動機による貨幣需要と同様に動くと考えられる。

　投機的動機は,債券と貨幣との間の資産選択行動を仮定し,その結果生じる

貨幣保有にあたる。貨幣を資産の1つとみることから、投機的動機による貨幣需要は、価値保蔵機能に対応する貨幣需要である。債券価格と利子率に逆比例の関係があることは、すでに議論した。「債券価格が高く、利子率が低ければ、将来、債券価格が下落しキャピタル・ロスを予想する人の割合が増え、人々は債券よりも貨幣保有を選択する」とケインズは考えた。債券投機の結果、一時的に貨幣を需要することが、投機的動機による貨幣需要であり、利子率が低下すれば、貨幣需要が増える。

2 貨幣供給・貨幣需要

(1) 貨幣供給

実際に、供給された貨幣量が貨幣供給（マネー・サプライ）と呼ばれる。貨幣の供給メカニズムは、中央銀行と銀行の行動の2つの側面を考える必要がある。中央銀行はハイパワード・マネーの供給を通じて、また銀行が貸し出しを行うことでハイパワード・マネーが増えていく信用創造を通じてマネー・サプライは増加していくが、そのメカニズムの詳細は、第7章の金融政策で述べることにして、ここでは、貨幣供給曲線がどのように描けるのかを説明する。

名目貨幣供給量（M）は、中央銀行が一定量にコントロールしていると仮定する。重要なのは、名目貨幣供給量ではなく、実質貨幣供給量である。**実質貨幣供給量（M^S）** は、名目貨幣供給量（M）を物価（P）で割ることで求められ、$M^S = \dfrac{M}{P}$ となる。名目貨幣供給量が100兆円で、物価が2倍に上昇した時の実質貨幣供給量は50兆円と半分に減少する。そのため、物価の上昇が2倍となったとき、名目貨幣供給量も2倍にすると、実質貨幣供給量は変わらないため、物価が上昇する前と同じように行動することが可能である。

貨幣供給曲線は、縦軸に利子率（r）、横軸に実質貨幣供給量 $\left(\dfrac{M}{P}\right)$ をとると、**図6-1**のように描ける。名目貨幣供給量（M）は、中央銀行が一定量にコントロールしていると仮定と物価一定という仮定の下では、実質貨幣供給量（M^S）は一定値をとるから、横軸に垂直な直線となる。

(2) 貨幣需要

貨幣需要（M^D）は，取引需要（L_1）と資産需要（L_2）を足すことで求められる。

取引需要（L_1）は，取引動機による貨幣需要と予備的動機による貨幣需要で構成される。取引動機による貨幣需要が増加するのは，国民所得が増加し，取引が活発になり，その総額が増えたときである。取引が増えると，不意の支出も増加するために，予備的動機による貨幣需要も増加する。国民所得と取引需要の関係は，国民所得が増加すると，取引需要も増加する。このことから，取引需要は，国民所得の増加関数であると言え，**図6-2**のようなグラフを描くことができる。縦軸に利子率をとり，横軸に取引需要（L_1）をとった時のグラフが**図6-3**である。この理由は，L_1は，利子率の関数ではないので，一定の値をとる関数で表現されるからである。

資産需要（L_2）は，投機的動機による貨幣需要に関係している。資産を，貨幣で持つか，債券で持つかの選択の結果であることから資産需要と呼ばれる。資産需要は，利子率の減少関数となる。その理由は，つぎのように説明できる。利子率が下がると，債券価格が上昇し，債券価格が割高となる。このとき，値下がりの恐れのある債券需要を減らして，その代わりに価値の安定した貨幣を持とうとする結果，貨幣需要が増加する。資産需要は，利子率の減少関数であることから，**図6-4**のように，右下がりの曲線が描ける。

利子率が極めて低い状態に達すると資産需要は無限大となる。この状態は，**流動性の罠**と呼ばれる。この状態では，利子率が最低水準であるから，利子率はこれ以上，下がることはなく，あとは上がるだけと考え，債券価格は最高水準となり，あとは下がるだけだと考えている。その結果，すべての人が債券を売って，貨幣を持とうとするので資産需要は無限大と極めて大きくなる。これを，図示すると**図6-5**のようになる。利子率が最低のr_0の水準になると，資産需要が無限大になるので，水平になる。

貨幣需要曲線（M^D）は，取引需要と資産需要を足したものである。L_1のグラフと，L_2のグラフを足し合わせた**図6-6**のようになる。

第6章 貨幣市場とLM　77

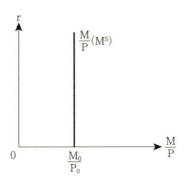

図6-1 貨幣供給曲線(M^S)

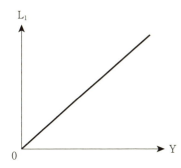

図6-2 取引需要(L_1)

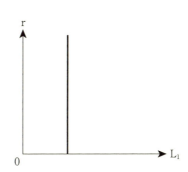

図6-3 取引需要(L_1)

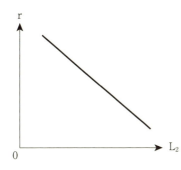

図6-4 取引需要(L_2)

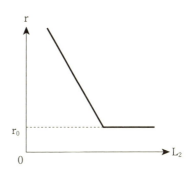

図6-5 流動性の罠

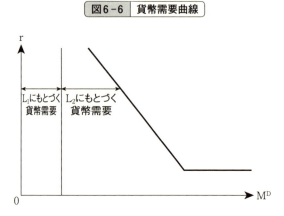

図6-6　貨幣需要曲線

3　利子率の決定

　前節の貨幣供給曲線と貨幣需要曲線を1つにしたのが**図6-7**である。利子率は，ケインズの流動性選好理論により，貨幣供給と貨幣需要が均衡する水準であるr^Eで決まる。このグラフでは，貨幣供給曲線と貨幣需要曲線の交点で表される。

　利子率調整のメカニズムを見てみよう。利子率がr_1の水準では，貨幣の需要量が貨幣の供給量を上回っている。このとき，超過需要が発生している。超過需要の状態では，お金を借りたい人が多くなっているので，貨幣のレンタル料である利子率は上昇し，r^Eの水準で均衡する。利子率がr_2の水準では，貨幣の供給量が貨幣の需要量を上回っている。このとき，超過供給が発生している。超過供給の状態では，お金を借りたい人が少ないので，貨幣のレンタル料である利子率を下げない限り，誰もお金を借りない。その結果，利子率は下落し，r^Eの水準で均衡する。

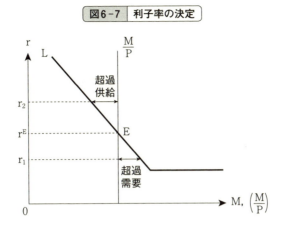

図6-7 利子率の決定

3 貨幣市場の分析

1 利子率の変化

　貨幣供給や貨幣需要が変化した場合，利子率はどのように変化するだろうか。
　貨幣供給は，金融政策によって供給量が変化する。中央銀行が金融緩和策を実施し，ハイパワード・マネーを増大させると，信用創造を通じて貨幣供給量が増大し，貨幣供給曲線はM^SからM_1^Sにシフトする（**図6-8**）。このとき，利子率はr_1からr_2へ低下している。利子率の変化は，借入の負担を変化させるが，利子率の低下によって，消費者や生産者は，よりお金を借りやすくなる。その結果，有効需要である消費や投資が増加し，国民所得が増加する。
　所得や資産が増加した時，貨幣需要は増加するが，このとき，貨幣需要曲線はM^DからM_1^Dにシフトする（**図6-9**）。貨幣需要が増加するということは，人々がお金を持ってしまっている状態なので，市中に出回るお金は少なくなり，貨幣のレンタル料である利子率は上昇する。利子率が上昇すると，お金が借りにくくなるので，有効需要である消費や投資が減少し，国民所得も減少する。
　流動性の罠に陥っている経済の場合，貨幣需要が無限大に拡大しているので，

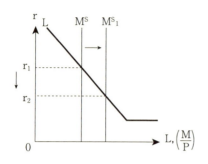
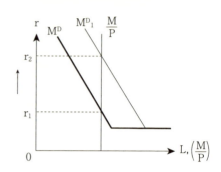

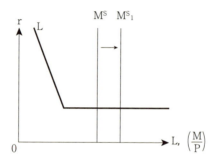

貨幣需要曲線が水平になっている。この状態で，金融緩和政策を実施し，貨幣供給曲線を M^S から M^S_1 にシフトさせても，利子率は変化しない（**図6-10**）。流動性の罠に陥っている経済では金融政策が無効になってしまう。

2　LM曲線の定義・導出

　金融政策を分析するマクロ経済学のツールが，**LM曲線**である。LM曲線のLは，Liquidity Preferenceの頭文字であり，貨幣需要を表している。貨幣需要は，取引需要（L_1）と資産需要（L_2）の和（$L = L_1 + L_2$）であることは前

述のとおりである。LM曲線のMは，貨幣供給（Money Supply）を表している。実質貨幣供給を表しているのは前述のとおりである。LM曲線は，貨幣市場を均衡させる利子率と国民所得の組合せを表すと定義できる。

　LM曲線は，貨幣需要と貨幣供給から導出できる（**図6-11**）。最初に，貨幣

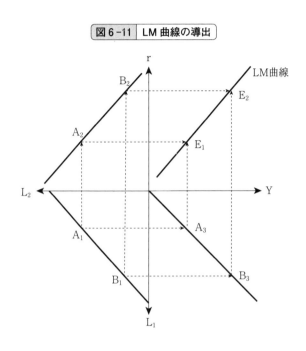

図6-11 LM曲線の導出

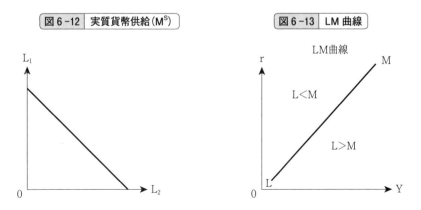

図6-12 実質貨幣供給（M^S）

図6-13 LM曲線

需要をグラフ上に描く。貨幣需要は，L_1とL_2から構成されている。**図6-2**のL_1のグラフを上下逆にして，第Ⅳ象限に，**図6-4**のL_2のグラフを左右反転して，第Ⅱ象限にはり付ける。次に，貨幣供給のグラフを描く。実質貨幣供給量のグラフは，**図6-12**のように貨幣供給と貨幣需要が均衡しているグラフになる。これを，上下左右逆にする形で第Ⅲ象限にはり付ける。3つのグラフのA1→A2，A1→A3とB1→B2，B1→B3をそれぞれ結び，E1とE2を求める。E1とE2を結び合わせるとLM曲線が完成する。

　LM曲線は，右上がりである。(**図6-13**) LM曲線の線上の点は，貨幣市場を均衡させる，利子率と国民所得の組合せを表わす。LM曲線よりも上の領域にある点では，超過供給（$\frac{M}{P}>L$）が発生し，下の領域にある点では超過需要（$\frac{M}{P}<L$）が発生している。

第 7 章

IS-LM と財政・金融政策

>>> キーワード <<<

・総需要管理政策
　デフレ・ギャップやインフレ・ギャップを解消し，望ましい国民所得水準を達成するために行われる。
・IS-LM 分析
　物価水準一定の仮定の下で，総需要の決定を議論するためのフレームワークである。IS 曲線は，生産物市場の均衡をもたらす利子率と国民所得の組合せを表している。LM 曲線は，貨幣市場の均衡をもたらす利子率と国民所得の組合せを表している。IS-LM モデルでは，生産物市場と貨幣市場を均衡させる利子率と国民所得が決定される。
・財政政策
　政府が主体となって行うマクロ経済政策である。
・財政の3機能
　資源配分（補正）機能，所得再分配機能，経済安定化機能である。資源配分機能は，市場が望ましい資源配分に失敗する場合に，政府がより適正な資源配分を行う。所得再分配機能は，社会保険や生活保護，所得税の累進課税などによって所得格差を是正し，結果の平等を達成する機能である。経済安定化機能は，政府支出や租税政策を通じて総需要を調節し，景気の変動を抑えようとする役割である。
・金融政策
　中央銀行が主体となって行うマクロ経済政策である。
・中央銀行
　発券銀行，銀行の銀行，政府の銀行の3つの機能を持つと定義される。
・ハイパワード・マネー
　中央銀行が供給する現金通貨（C）と支払準備金（R）を合わせたものである。

ハイパワード・マネーは，マネタリー・ベースやベースマネーとも呼ばれる。
・**裁量的財政政策**
　景気の安定化を明確な政策目標としている。政府支出を増加させる，あるいは減税を行うと国民所得は乗数効果により増加する。
・**クラウディング・アウト効果**
　政府支出の拡大が，利子率を上昇させ，民間の投資を締め出す効果をクラウディング・アウト効果という。
・**金融政策**
　公開市場操作，法定準備率操作，公定歩合操作の3つがある。公開市場操作は，中央銀行が民間金融機関を対象に行う国債などの債券や手形の売買を通じて行われる。日銀が定める最低限の支払準備率が法定準備率である。この法定準備率を変更することで，マネーサプライを操作するのが法定準備率操作である。公定歩合操作は，公定歩合を引き上げたり，引き下げたりして利子率を直接的に調整する手段である。

　生産物市場と貨幣市場の同時均衡分析

1　IS-LM 分析

(1) 総需要管理政策

　マクロ経済学における総需要は，家計による消費支出である消費需要，企業による設備投資支出である投資需要，政府の需要である政府支出，海外部門の需要である輸出の4つに大きく分けられる。経済全体の需要の和が，総需要と呼ばれる。

　ケインズは，1930年代の大不況と大量失業を説明するために，その著書『雇用・利子および貨幣の一般理論』において有効需要の原理を展開した。それまで主流であった古典派経済学の価格調整メカニズムと供給サイドに焦点を当てた理論では大不況と大量失業を説明できなかった。ところが，有効需要の原理は，需要サイドに着目し，総需要が国民所得と雇用量を決めるという理論であ

り，経済学に革命的な影響を与えた。

経済において，完全雇用の達成されている望ましい国民所得水準であるとは限らない。不況時には，総供給が総需要を上回っているデフレ・ギャップが存在する。景気に過熱感があるときには，総需要が総供給を上回っているインフレ・ギャップが存在している。デフレ・ギャップやインフレ・ギャップを解消し，望ましい国民所得水準を達成するために行われるのが**総需要管理政策**である。現在においても，マクロの総需要管理政策を実施し，現実の経済を完全雇用水準に近づけるよう多くの政府が努力している。

(2) IS-LM 分析

IS-LM 分析とは，物価水準一定の仮定の下で，総需要の決定を議論するためのフレームワークである。このフレームワークは，ヒックス（John R. Hicks）によって定式化された。IS-LM 分析においては，海外部門は考慮しない閉鎖経済を仮定する。第5章で導出した IS 曲線と第6章で導出した LM 曲線の2つのツールを利用したモデルであり，両者の交点で経済の描写を行う。

IS 曲線は，生産物市場の均衡をもたらす利子率と国民所得の組合せを表している。LM 曲線は，貨幣市場の均衡をもたらす利子率と国民所得の組合せを表している。IS-LM モデルでは，生産物市場と貨幣市場を均衡させる利子率と国民所得が決定される（**図7-1**）。なお，流動性の罠を考慮すると**図7-2**のようになる。

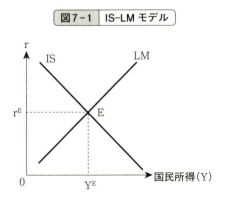

図7-1 IS-LM モデル

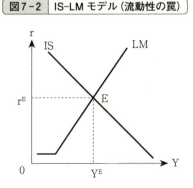

図7-2 IS-LM モデル（流動性の罠）

IS-LM 分析により，財政政策や金融政策といった総需要管理政策であるマクロ経済政策の効果を IS 曲線や LM 曲線のシフトから分析できる。

2 政府と中央銀行の役割

(1) 政府の役割

財政政策は，政府が主体となって行うマクロ経済政策である。財政は，政府の経済活動であり，支出面と収入面に分けて考えることができる。政府は，財政を通じて，国防や警察，教育，公衆衛生，医療・年金・介護といった様々な公的サービスを提供したり，道路や空港，港湾を作る公共事業を行ったりする。これらの財やサービスは，公共財と呼ばれ，多くの人にとって必要なものと考えられるが，民間に供給を任せていては全く供給されないか，十分に供給されない財・サービスである。政府は，支出を通じて公共財や公共サービスの提供を行う。また，政府は，公共性の高い電力やガス，銀行業などに対する許認可や監督という活動も行っている。支出に必要な資金は，税金や社会保障という形で国民から徴収され，不足分は国債や地方債などの公債の発行で賄われる。

財政の果たす役割は，**財政の 3 機能**として次のように説明される。すなわち，**資源配分（補正）機能**，**所得再分配機能**，**経済安定化機能**である。

資源配分機能は，市場が望ましい資源配分に失敗する場合に，政府がより適正な資源配分を行う。これにより，公共財の提供や外部経済の補正を政府が行うことで，国民生活や企業活動がより円滑に営まれ，経済全体の生産性が上がると説明される。

労働の成果である賃金や給与は，市場を通じてその分配が行われる。病気や災害などに見舞われ，労働市場へ参加ができなくなると，賃金や給与の分配が受けられない。お金持ちの家に生まれると十分な教育が受けられ，職が得られる機会が増えるが，貧しい家に生まれると十分な教育が受けられず，職を得られる機会が乏しくなるかもしれない。その結果，所得格差が生じる。資本主義は所得格差をある程度，許容しているが，所得格差が大きくなると社会にとっても望ましくないと言える。所得再分配機能は，社会保険や生活保護，所得税の累進課税などによって所得格差を是正し，結果の平等を達成する機能である。

経済安定化機能は，政府支出や租税政策を通じて総需要を調節し，景気の変動を抑えようとする役割である。次節で，IS-LM 分析を用いて，経済安定化機能としての財政政策の効果を議論する。

(2) 中央銀行の役割

金融政策は，**中央銀行**が主体となって行うマクロ経済政策である。中央銀行が貨幣供給量や利子率を調整することで，総需要をコントロールし，景気の安定と物価の安定を目指すだけでなく，金融システムの安定化も目指す。中央銀行は，①**発券銀行**，②**銀行の銀行**，③**政府の銀行**の３つの機能を持つと定義される。①発券銀行とは，中央銀行は現金である紙幣が発行できる。②銀行の銀行とは，中央銀行は市中の銀行が資金不足に陥ったとき貸し出しを行う。③政府の銀行は，中央銀行は政府の資金収支の事務を行う。日本の中央銀行は，日本銀行（日銀）である。

金融政策を理解するための準備として貨幣供給の仕組みについて見てみよう。貨幣供給は，中央銀行と市中金融機関との取引によって行われる。中央銀行が供給する現金通貨（C）と支払準備金（R）を合わせたものが，**ハイパワード・**

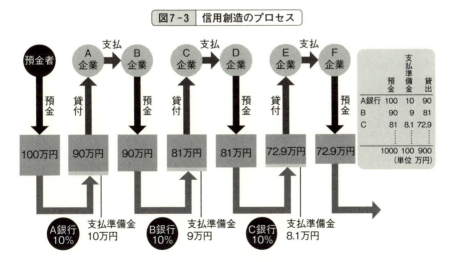

図7-3 信用創造のプロセス

出所：山崎広明編『もう一度読む　山川政治経済』153頁

マネーである。ハイパワード・マネーは，マネタリー・ベースやベースマネーとも呼ばれる。市中金融機関は，預かった預金の一部を支払準備金として残すが，残す分以外は貸し出すことができる。預金者の支払準備として残しておかなければいけない支払準備金は，日銀に預けることが法律で義務付けられている。

貨幣供給は，図7-3で示されるように，信用創造のプロセスを経て，増加していく。銀行は，預金のうち支払準備金を引いた額を貸し出しにあてる。たとえば，支払準備率が10％の場合，100万円のうち，10万円を支払準備金にあて，残りの90万円を貸し出す。90万円についても，支払い9万円が準備金にあてられ，残り81万円が貸し出される。中央銀行からハイパワード・マネーとして当初，供給された100万円は，銀行口座を通じて100万＋90万＋81万＋…というように増加していく。

中央銀行である日銀によって決定されるハイパワード・マネー，支払準備金，マネーサプライはどのような関係にあるのだろうか。マネーサプライ（M^S）は現金通貨（C）と預金通貨（D）の和である。

$$M^S = C + D \tag{1}$$

ハイパワード・マネー（H）は，現金通貨（C）と支払準備（R）の和である。

$$H = C + R \tag{2}$$

マネーサプライをハイパワード・マネーで割ると，(1)，(2)から

$$\frac{M^S}{H} = \frac{C+D}{C+R} = \frac{\frac{C}{D}+1}{\frac{C}{D}+\frac{R}{D}} \tag{3}$$

(3)式の右辺は，貨幣乗数（m）であり，$\frac{C}{D}$は現金預金比率であり，$\frac{R}{D}$は支払準備率である。この式から，マネーサプライ（M^S）＝ハイパワード・マネー（H）×貨幣乗数（m）が成り立つ。貨幣乗数は，現金預金比率，支払準備率が低下すると大きくなり，現金預金比率，支払準備率が上昇すると小さくなる。

景気安定化の役割は，財政政策の経済安定化機能と同じものである。第3節では，IS-LM分析を用いて，金融政策の効果を議論する。

2 財政政策

1 財政政策の手段

　財政政策は，景気の安定化を目的に行われる。財政政策としては**裁量的財政政策**と**ビルト・イン・スタビライザー**の2つが重要である。第2次世界大戦終了後，多くの国で戦前よりも景気が安定した理由の1つは，財政政策として実施されたこの2つの手段にあったと考えられている。

(1) 裁量的財政政策

　裁量的財政政策は，景気の安定化を明確な政策目標としている。政府支出を増加させると，あるいは減税を行うと国民所得は乗数効果により増加する。ケインズは，国民所得（Y）は，投資（I）によって生み出されると考えた。投資が落ち込み，国民所得が減少したとき，財政政策によって，政府支出（G）を増やすか，減税を実施し，租税（T）を減らし，消費を刺激してやればYは安定する。

(2) ビルト・イン・スタビライザー

　財政の制度の中に総需要の変動を自動的に安定される仕組みが組み込まれており，ビルト・イン・スタビライザーと呼ばれる。収入面では租税制度に，支出面では社会保障制度に内在していると説明される。具体的には，所得税の累進課税や失業保険などの社会保障制度である。この機能は，不況やインフレを抑制するだけで，積極的にこれを改善するものではない。

2 財政政策の効果

(1) IS曲線のシフト

　財政政策の効果については，IS-LM分析ではどのように表されるか。裁量

的財政政を実施し，政府支出を増加させると，IS曲線は右上方にシフトする。
(**図7-4**) 政府支出を増加させると，LM曲線はそのままで，IS曲線が右上方にシフトするので，均衡点は，シフトした新しいIS曲線とLM曲線との交点に移動する。このとき，国民所得はY_1からY_2へ増加するのと同時に，利子率もr_1からr_2へ上昇する。

(2) クラウディング・アウト効果

IS-LM分析における財政政策の効果を，国民所得を増加させる部分と利子率が上昇する部分に分けて考えてみよう。

政府支出を増加させた時，利子率の変化がないと，国民所得は乗数の分だけ増加する。**図7-5**では，均衡点がEからE_2へ移動し，国民所得はY_1からY_3へ増加している。しかし，均衡点E_2は，LM曲線上の点ではないので，貨幣市場では需給が均衡しておらず，貨幣需要が貨幣供給を上回る超過需要が発生している。超過需要を解消するためには，貨幣需要が抑制される必要があり，利子率が上昇する。利子率の上昇は，民間の設備投資の減少を引き起こす。その結果，均衡点E_1へ移動するが，この時，国民所得はY_3からY_2へ減少している。

政府支出の拡大が，利子率を上昇させ，民間の投資を締め出す効果を，**クラ**

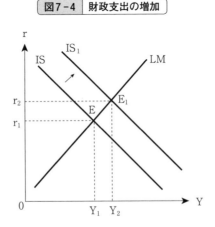

図7-4　財政支出の増加

ウディング・アウト効果と呼ぶ。クラウディング・アウト効果が大きければ大きいほど，財政政策が国民所得の増加に与える影響は小さくなる。つまり，利子率の上昇幅が大きければ大きいほど，あるいは利子率が上昇した時，投資の落ち込み幅が大きければ大きいほど，政府支出乗数が小さくなり，財政政策の効果が上がらないことになる。

クラウディング・アウト効果は，IS曲線とLM曲線の傾きで大きさが異なる。LM曲線の傾きは貨幣需要の利子弾力性で決まる。LM曲線の傾きが緩やかである，すなわち貨幣需要の利子弾力性が大きければ，利子率の上昇幅が小さい（図7-6）。そのため，クラウディング・アウト効果は小さい。反対に，LM曲線の傾きが急である，すなわち貨幣需要の利子弾力性が小さければ，利子率の上昇幅が大きい（図7-7）。そのため，クラウディング・アウト効果は大きい。

また，投資が利子率の変化にあまり反応しない場合，すなわちIS曲線の傾きが急である場合も，クラウディング・アウト効果は小さい（図7-8）。財政政策がより効果的あると考えられるのは，IS曲線の傾きが急で，LM曲線の傾きが緩やかであるときである（図7-9）。

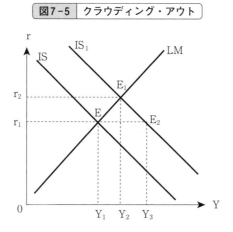

図7-5　クラウディング・アウト

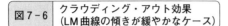
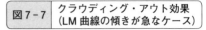

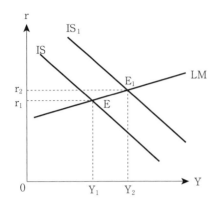
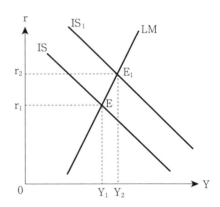

3 金融政策

1 金融政策の手段

金融政策の手段は，景気の安定と物価の安定を目的に行われる。金融政策には，**公開市場操作，法定準備率操作，公定歩合操作**の3つがある。

(1) 公開市場操作

貨幣乗数の式は，マネーサプライ＝ハイパワード・マネー × 貨幣乗数，すなわち $M^s = H \times m$ で表される。マネーサプライは，ハイパワード・マネーにリンクしている。このことから，貨幣乗数倍を一定とすると，ハイパワード・マネーを増加させた分だけ，マネーサプライは増加するし，反対に，ハイパワード・マネーを減少させた分だけ，マネーサプライは減少する。中央銀行である日本銀行は，ハイパワード・マネーの供給量に関して高いコントロール能力を持っている。

| 図7-8 | クラウディング・アウト効果
(IS曲線の傾きが急なケース) |
| 図7-9 | 財政政策が効果的であるケース |

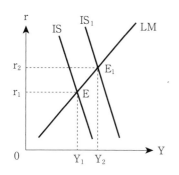
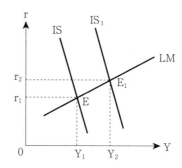

公開市場操作は，中央銀行が民間金融機関を対象に行う国債などの債券や手形の売買を通じて行われる。中央銀行がマネーサプライを増加させたい場合は，買いオペレーション（買いオペ）を実施する。中央銀行が，民間金融機関が所有している国債や債券を購入すると代金として現金を支払うので，マネーサプライが増加する。不況期に，景気を回復するために金融緩和策として買いオペを実施し，マネーサプライを増加させる。中央銀行がマネーサプライを減少させたい場合は，売りオペレーション（売りオペ）を実施する。中央銀行が，自身が所有している国債や手形を民間金融機関に売却すると代金として現金を受け取るので，マネーサプライは減少する。景気が過熱すると，景気を引き締めるために金融引き締め策として売りオペを実施し，マネーサプライを減少させる。

ハイパワード・マネーの供給量を変えるための手段としては，日銀貸し出しも存在するが，金額が少なく金融政策における重要性は高くない。公開市場操作が，今日の金融政策の主力となっている。

(2) 法定準備率操作

日銀が定める最低限の支払準備率が法定準備率である。この法定準備率を変更することで，マネーサプライを操作するのが法定準備率操作である。貨幣乗数は $m = \dfrac{\dfrac{C}{D}+1}{\dfrac{C}{D}+\dfrac{R}{D}}$ で表される。支払準備率を引き下げる，すなわち $\dfrac{R}{D}$ を引き下

げると貨幣乗数 m は大きくなるから，ハイパワード・マネーを一定としてもマネーサプライが増加する。支払準備率を引き上げる，すなわち$\frac{R}{D}$を引き上げると貨幣乗数 m は小さくなるから，ハイパワード・マネーを一定としてもマネーサプライは減少する。

(3) 公定歩合操作

公定歩合とは，日銀が民間金融機関に貸し付けを行う際の利子率である。公定歩合操作は，公定歩合を引き上げたり，引き下げたりして利子率を直接的に調整する手段である。1980年代までは，日本は日銀が決定する公定歩合を基準に利子率が決まる規制金利であった。規制金利の時代には，公定歩合操作は極めて有効な政策手段であった。

金利の自由化が進み，日本も貨幣市場の需給バランスで利子率が決定される自由金利となった。自由金利時代になり，公定歩合の影響は利子率にあまり及ばなくなった現在，公定歩合の変化は，日銀の金融政策の方向性を示すものとして注目されることが多くなった。市場関係者は，公定歩合が下がるというシグナルに，日銀がマネーサプライを増やすと予想し，公定歩合が上がるというシグナルに，日銀がマネーサプライを減らすと予想する。この予想によって，貨幣市場が動くこともあるので，これは公定歩合操作のアナウンスメント効果と呼ばれる。

2　金融政策の効果

(1) LM 曲線のシフト

金融政策の効果については，IS-LM 分析ではどう表されるか。マネーサプライが，日本銀行の金融緩和策により増加した時，LM 曲線は右下方にシフトする（**図7-10**）。マネーサプライを増加させると，IS 曲線はそのままで，LM 曲線が右下方へシフトするので，均衡点は，シフトした新しい LM 曲線と IS 曲線との交点に移動する。このとき，国民所得は Y_1 から Y_2 へ増加するのが，利子率は r_1 から r_2 へ下落する。金融政策の経路については，マネーサプライが増加すると，債券価格が上昇するために利子率が下落する。利子率の下落が

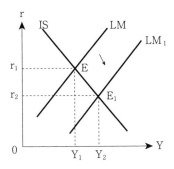

投資を増加させ，その結果，国民所得が増加すると示される。

(2) 金融政策の効果

　金融政策の効果は，IS 曲線の傾きによって得られる効果が異なる。IS 曲線の傾きが緩やかな場合，金融緩和策によって利子率の低下が小幅でも投資が大きく拡大するために，需要が大きく増加する（図 7-11）。IS 曲線の傾きが急な場合，利子率の低下の幅が大きくても投資が刺激されずに，需要の増加幅は小さくなる（図 7-12）。

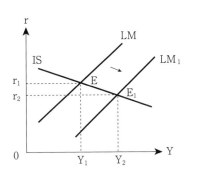

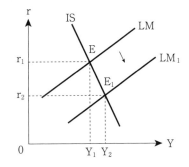

| 図7-13 | LM曲線のシフト（流動性の罠） |

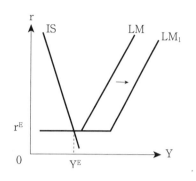

| 図7-14 | 財政支出の増加（流動性の罠） |

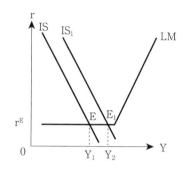

4 財政政策と金融政策の効果

　財政政策と金融政策のどちらが有効であるのかを流動性の罠のケース，投資が利子非弾力的なケースで比較する。

(1) 流動性の罠のケース

　流動性の罠とは，利子率がこれ以上，下がらない最低の状態であり，これを考慮したLM曲線は，**図7-2**のようになることはすでに見た。

　金融緩和策を実施したとき，LM曲線はどのようにシフトするだろうか。**図7-10**の場合は，右下方へシフトすると説明したが，流動性の罠の場合は，利子率はこれ以上，下がらない状態であるから，LM曲線は，**図7-13**のように右シフトする。このとき，IS曲線との均衡点は移動しないので，利子率は低下しないし，国民所得も増えていない。このことから，経済が流動性の罠に陥っている時に金融政策を行っても効果がないと言える。

　経済が流動性の罠に陥っている場合に，財政政策を行うと効果はどうなるのか。**図7-14**で説明しよう。IS曲線とLM曲線の交点E_0で経済が均衡している。政府支出を増加させ，IS曲線を右にシフトさせると均衡点はE_1に移動する。このとき，国民所得はY_1からY_2へ増加しているが，利子率はr^Eのまま上昇

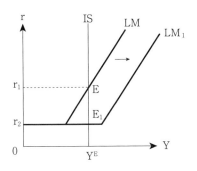

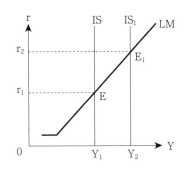

していない。クラウディング・アウト効果が発生しておらず，45度線分析と同じ効果が得られている。

(2) 投資が利子非弾力的なケース

投資が利子非弾力的なケースとは，利子率が変化しても投資量が変わらないことである。この時描ける投資曲線は垂直な投資曲線である。利子率が下落しても投資は増えないので，国民所得は変わらないために，垂直なIS曲線となる。

投資が利子非弾力的なケースでの金融政策の効果は，**図7-15**のようになる。金融緩和策を実施するとLM曲線は右下方へシフトする。利子率はr_1からr_2へ下落しているが，投資量が増えず，国民所得は変わらないので，金融政策は無効であることが分かる。

投資が利子非弾力的なケースでの財政政策の効果は，**図7-16**のようになる。政府支出を増加により，IS曲線は右にシフトする。この時，国民所得はY_1からY_2へ増加している。利子率はr_1からr_2に上昇しているが，国民所得はY_2から減少していない。この理由は，投資が利子非弾力的なので利子率が上昇しても投資が減少せず，クラウディング・アウト効果が発生していないからである。

第8章

総需要と総供給

キーワード

- **古典派の第一公準**
  実質賃金が労働の限界生産力に等しい水準まで，企業は労働者を雇用する
- **古典派の第二公準**
  労働の限界不効用が実質賃金に一致する水準まで労働者は労働を供給する。
- **失業**
  失業には，現在の賃金水準では働きたくない①自発的失業，転職や移動のためにたまたま一時的に失業している状態にある②摩擦的失業，現行の賃金水準で働きたいのに仕事がないという③非自発的失業がある。古典派は自発的失業と摩擦的失業のみが存在する年とし，ケインズ派は非自発的失業が存在するとしている。
- **AD 曲線**
  横軸に国民所得 Y，縦軸に物価 P をとった平面上で右下がりとなる。
- **古典派の AS 曲線**
  横軸に国民所得 Y，縦軸に物価 P をとった平面上で垂直となる。つまり，国民所得 Y は物価 P とは独立である。
- **ケインズ派の AS 曲線**
  横軸に国民所得 Y，縦軸に物価 P をとった平面上で，完全雇用水準までは右上がりで，完全雇用が達成されると古典派同様に垂直となる。つまり，完全雇用が達成さえるまでは物価 P が上昇すると国民所得 Y も増加するが，完全雇用の達成後においては，両者は独立となる。

1 古典派の第一公準と第二公準

1 古典派の労働市場

ケインズ派と古典派ではさまざまな見解の相違があるが，労働市場においても同様である。

古典派は少くとも長期では名目賃金が収縮的であるために，労働市場の需要と供給は均衡しているとする。このため，失業が存在しないと考える。つまり，財市場と同様に労働市場においても市場が効率的に機能するため，均衡価格（労働市場では均衡賃金）が成立し，需給が一致する。そこでは完全雇用が達成され，均衡賃金水準 $\left(\frac{w}{p}\right)^E$ が常に存在する。

しかし，失業率というマクロ経済指標があるように現実の経済社会において失業は確かに存在している。これに対して古典派は以下のように考える。古典派における失業とは，①現在の賃金水準では働きたくない**自発的失業**，②転職や移動のためにたまたま一時的に失業している状態にある**摩擦的失業**，の2種類のどちらかであるとされる。このために，現行の賃金水準で働きたいのに仕事がないという**非自発的失業**は存在しないということになる。

このような古典派の労働市場観においては，以下の2つの公準が成立している。それは，①実質賃金は労働の限界生産力に等しい水準まで労働者を雇用する（**古典派の第一公準**）と，②労働供給は労働の限界不効用が実質賃金に一致するように決められる（**古典派の第二公準**）である。古典派の第一公準にある限界生産力とは，労働者を追加的に雇うことによって得られる利益のことであり，企業はその利益と等しい実質賃金を支払うことを意味している。そして，財を消費することによって家計は効用を得るが，労働を行うことによって不効用が増大していく。そしてこの追加的な労働による限界不効用が実質賃金と等しい水準までは労働を供給するというのが古典派の第二公準である。

2　ケインズ派の労働市場

　ケインズ派は，古典派の第一公準は成立するが，古典派の第二公準は成立しないと考えた。ここで，古典派の労働市場においては賃金は実質賃金のみが問題となることに注意である。ケインズ派では名目賃金が重要なファクターとして扱われる。労働者は実質賃金ではなく，名目賃金を重視して働こうとすると考えたためである。

　ケインズ派は名目賃金は下方硬直的だとする。この下方硬直性とは，名目賃金は上がる場合には伸縮的だが，下がる場合には硬直的，つまり下がりにくいということを意味する。実際，財・サービスの価格は上昇することも減少することもあるが，労働サービスの価格である賃金は，労働組合の存在や雇用契約の期間等のため下方に硬直的である。

　さらに，ケインズ派は，**貨幣錯覚**の状態に労働者があるとも考えた。貨幣錯覚とは，労働供給が実質賃金でなく，名目賃金に左右されることを意味する。例えば，名目賃金が現在100万円であり，物価水準が5％下落したとする。すると実質賃金は約105万円に相当する。名目賃金が一定でも物価の下落のために実質的な意味での購買力が増大したことを意味する。企業にとってみればこれは賃上げに等しい。しかし，労働者は貨幣錯覚に陥っており，実質賃金が上昇したにも関わらず，名目賃金の下落には抵抗し，名目賃金は100万円が維持される。名目賃金は100万円のままであったとしても，実質賃金は105万円に上昇している。よって企業は雇用量を減らし，失業者が存在してしまう。つまり，労働者は貨幣錯覚の状態にあるため，失業をうけいれてしまうことになる。

　ケインズによる労働供給曲線 N^S は，**図8-1**のように完全雇用水準 N^E までは水平である。これは一定の賃金水準でいくらでも働きたいと考える労働者がいることを意味する。そして，完全雇用水準である N^E 以上の水準からは右上がりになり，古典派的な市場となる。実質賃金が $\left(\frac{w}{p}\right)_1$ の水準では，E_1 にて労働市場は非自発的失業が存在したまま均衡する。**図8-1**のように，そのような状態から完全雇用を達成するには，物価を上昇させ（名目賃金が一定であっても），実質賃金が下落し，N^S が $N^{S'}$ へシフトすることによって，E で完

図8-1 ケインズ派の労働市場

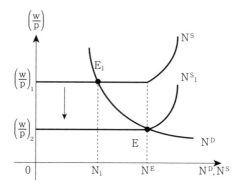

全雇用が達成される。つまり、物価が上昇すれば、完全雇用水準 N^E が達成される。

2 AD曲線の導出

総需要曲線（AD曲線） とは、横軸に国民所得 Y、縦軸に物価 P の関係を示す曲線である。AD曲線は IS-LM 分析を用いて導出される。IS-LM 分析では物価 P を一定と仮定していたが、AD曲線では物価が変動する。このため、国民所得 Y と利子率 r と物価 P を同時に分析することが可能となる。

図 8-2 はケインズ派の AD曲線の導出を示している。物価が P から P_1 に下落したとすると、実質マネーストックが増大する。これによって、*LM* 曲線が右へシフトし、IS-LM 分析における均衡点も E から E_1 に移動し、国民所得は Y^E から Y_1 へ増加する。つまり、ケインズ派では物価 P が下落すると国民所得 Y が増加する。物価の下落→国民所得の上昇が導かれ、右下がりの総需要曲線（AD曲線）が導出できる。

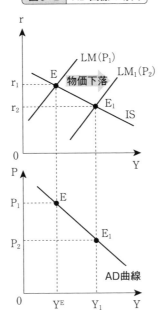

図8-2 AD曲線の導出

3 AS曲線

1 古典派のAS曲線

総供給曲線（AS曲線） とは，労働市場が均衡した状態での物価水準Pと総供給の関係を示した曲線である。古典派においては古典派では名目賃金は伸縮的であり，労働市場は均衡している。このために非自発的失業は存在しないため，雇用量Nは常に完全雇用水準であるN^Eで一定であり物価とは関係がないと考える。このために物価Pと国民所得Yも同様であり，物価Pがどのような水準であっても，完全雇用国民所得Y^Fで一定の値とり，**図8-3**のように垂直となる。

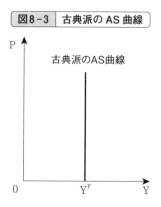

2　ケインズ派の AS 曲線

　ケインズ派では物価 P の上昇によって，実質賃金 $\left(\dfrac{W}{P}\right)$ が下がり，これによって雇用量 N が増大する。すると雇用 N の増大によって国民所得 Y が増大すると考える。このため，物価 P の上昇は国民所得 Y を増大させると考える。このため，**図 8 - 4** では完全雇用水準の雇用量 N^F までは右上がりの AS 曲線が描かれている。しかし，完全雇用 Y^F が達成されると，古典派同様に物価 P は国民所得 Y とは独立の関係になり，AS 曲線は垂直になる。

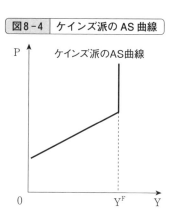

デマンド・プル・インフレーションとコスト・プッシュ・インフレーション

　財政政策によって政府支出Gを増大させると，AD曲線は右にシフトする。これは**図8-5**のようにIS-LM分析から導くことができる。政府支出の増大でΔGが発生すれば，IS曲線が右シフトし，これにより対応する物価水準でのAD曲線もまた右シフトするのである。

　図8-5の上図では政府支出の増大によってIS曲線が右シフトしIS_1曲線となっている。P_1の物価水準ではEからE_2へと均衡点が移動し，P_2の物価水準ではE_1からE_3へと移動している。これは下図の対応する均衡点でも成立している。

　そして，ケインズ派のAS曲線を用いて，財政政策の効果を現したのが**図8-6**である。

　図8-5では財政政策による効果をAD-AD分析の枠組みで示している。財政政策によってAD曲線がAD_1からAD_2にシフトすると，国民所得Yが増

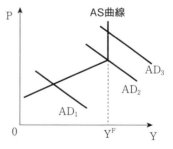

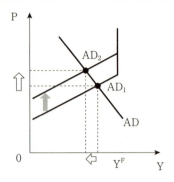

図8-7 コストプッシュインフレーション

加し，完全雇用 Y^F が達成される。これに対して，AD_2 から AD_3 へとさらに政府支出を増大させてもインフレーションが発生して物価が増大するのみで国民所得 Y は完全雇用水準 Y^F の水準で一定となってしまう。よって財政政策の効果は国民所得 Y が完全雇用水準 Y^F よりも小さい場合のみで有効であると言える。また，**図8-3**のように古典派の場合，AS 曲線は垂直であるため，政府支出の拡大はまったく国民所得 Y を増大させず，無効となる。

そして，インフレーションであるが，消費・投資・政府支出等を原因とするものを**デマンド・プル・インフレーション**という。またこのデマンド・プル・インフレーションはさらに**半インフレーション**と**真正インフレーション**に分類される。半インフレーションとは AD_1 から AD_2 のシフトのように国民所得 Y の増大を伴うものであり，真正インフレーションとは AD_2 から AD_3 のシフトのように Y がまったく増大せず物価のみ上昇するインフレーションのことを意味する。

インフレーションは，このような需要側の要因だけではなく，供給側の要因によっても発生する。たとえば，石油価格の高騰等といった生産要素価格などが上昇すると AS 曲線は上方にシフトする。このような供給側から生じるインフレーションのことを**コスト・プッシュ・インフレーション**という（**図8-7**）。

第 9 章

労働市場と物価水準

キーワード

- 古典派の「第一公準」
  企業は労働の限界生産物が実質賃金率に等しくなるまで，労働を需要する。
- 古典派の「第二公準」
  家計は労働の限界不効用が実質賃金率の限界効用と等しくなるまで，労働を供給する。
- 賃金の下方硬直性
  賃金が上方向には伸縮的に動くが，下方向には全く動かない状態を指す。
- 自然失業率
  景気の良し悪しに関わらず，経済には常にある程度の構造的な失業が存在する。このような失業を失業率で表したのが自然失業率。
- フィリップス曲線
  景気が悪くなれば失業率が上昇し，インフレ率は低くなる。反対に景気が過熱し失業率が低くなればインフレ率は上昇するという，失業率とインフレ率の間にはトレード・オフの関係があることを示す。
- ディマンド・プル・インフレ
  需要超過型の物価上昇で，消費インフレ，財政インフレ，輸出インフレなどに大別される。
- コスト・プッシュ・インフレ
  賃金や原材料費の高騰などによる物価上昇で，賃金インフレ，輸入インフレ，生産性価格差インフレなどに大別される。
- 総需要曲線
  財市場と貨幣市場を共に均衡させる総需要量と物価水準との関係を示す右下がりの曲線。
- 総供給曲線

> 賃金の下方硬直性を前提とした労働市場において，物価水準と総供給量との関係を示す右上がりの曲線。

 労働市場の分析

マクロ経済学では，無数にある職種を1つの市場と見なし，労働市場と呼ぶ。労働市場では生産要素としての労働サービスの売買が行われる。企業は労働サービスを需要し，家計は労働サービスを供給する。企業は利潤の極大化を目指すが，家計は生活における満足度をできる限り高めようとする。

1　古典派の労働市場

上記の企業と家計の行動原理にもとづき，古典派経済学では，労働需要を「**第一公準**」とし，労働供給を「**第二公準**」とする。「第一公準」では，企業は労働の限界生産物が実質賃金率に等しくなるまで，労働を需要すると考える。ただし，労働の限界生産物とは，追加的に投入される労働者がどれだけの生産物を作れるかを示す。また，労働サービス1単位の価格を名目賃金率wという。名目賃金率wを物価水準pで除したものを実質賃金率$\frac{w}{p}$という。したがって，労働者を雇って生産を行う企業にとって，実質賃金が低いほどより多くの労働者を雇おうとする。これは，1つには実質賃金が低ければそれだけ低コストで生産ができ，安い価格でたくさん売ることができるからである。さらには，実質賃金が安ければ，機械などの使用を控えて，労働力で代替することが可能となる。

また，「第二公準」では，家計は労働の限界不効用が実質賃金率の限界効用と等しくなるまで，労働を供給すると考える。ただし，労働の限界不効用とは，ある財の生産に労働を限界的に1単位追加投入しようとした際に，むしろそれによってもたらされる苦痛の増分の割合である。

つまり，労働者は1単位余分に労働すると，それによる所得から得られる効

用の増加のほうが追加的労働による苦痛の増加よりも大きければ，労働を供給し続ける。言い換えれば，実質賃金が上昇すれば労働供給は増加し，逆に実質賃金が下落すると労働供給は減少する。ただし，労働供給が既に十分に多く，これ以上の労働は大きな苦痛になると考えた場合，すなわち，労働者は追加的労働からの限界不効用は実質賃金から得られる効用よりも大きいと考える時，追加的労働をだれも引き受けず，むしろ，効用最大化のためには労働供給を削減しようとする。

このような労働の需要と供給の関係を示したのは**図 9-1**である。図の縦軸は実質賃金率$\frac{w}{p}$，横軸は労働量を示す。ここで，もし物価も賃金も伸縮的であるなら，労働供給曲線は右上がりで，労働需要曲線は右下がりになる。両曲線の交点 E は労働市場の均衡点を意味する。この時，実質賃金率$\frac{w}{p}$の水準に，労働量はLの水準に決まる。そして，均衡点 E では完全雇用が成立し，失業はなくなる。また，もし実質賃金率が$\left(\frac{w}{p}\right)_1$のように均衡水準よりも高いところにあれば，労働供給量は労働需要量をlだけ上回ってしまう。これは実質賃金に下方に下げる圧力を加えることになる。これに対して，もし実質賃金率が均衡水準より低く，$\left(\frac{w}{p}\right)_2$のような水準にあれば，労働需要のほうが労働供給よりも大きい。この時には，実質賃金率に上方へ動かす圧力がかかる。

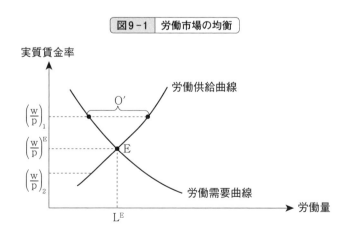

図 9-1　労働市場の均衡

2 ケインジアンの賃金の下方硬直性

　古典派のもとでは，賃金も物価も伸縮的であるため，物価が変動すれば，名目賃金も変動するし，実質賃金率$\frac{W}{p}$は常に均衡の水準を維持し，完全雇用の状態が保たれる。しかし，現実の経済を見ると，失業が存在しても賃金の水準はなかなか下がらないし，逆に労働の超過需要があっても，賃金はなかなか上がらない場合がある。この現象は**ケインジアンの賃金の硬直性**という。

　賃金の硬直性が発生する原因には，1つは賃金が多くの場合契約によって決まるもので，雇用状況が変化したからと言って，そう簡単に変えられないことがある。また，労働者が企業で仕事をするためには経験や訓練によって技能を身に付ける必要があるので，失業者がたくさんいるからと言って，すぐに低い賃金で技能を身に付けていない人を雇うことができない。特に賃金の硬直性によって，賃金が上方向には伸縮的に動くが，下方向にはなかなか動かない傾向がある。これは**賃金の下方硬直性**という。すなわち，労働が超過供給の状態から失業が生じていても，賃金はなかなか下がらない。これに対して，労働が超過需要の状態にあるときには，賃金は上方に調整される。

　このような名目賃金の下方硬直性の仮定のもとでの物価と雇用量との関係は，物価が非常に低い時は，実質賃金は非常に高い水準にあり，労働市場は超過供給の状態になり，大量の失業が生じる。賃金の下方硬直性のため，失業が存在しても名目賃金は下がらない。反対に物価が上昇していくと，名目賃金が動かないので，実質賃金は低下していき，雇用量も増大していく。

 失業と失業率

　バブル崩壊後の景気低迷の長期化，および企業海外進出の拡大などによって，労働市場にはさまざまな影響をもたらし，失業者増や非正規雇用者増などの社会問題が発生する。普通のモノであれば，供給が需要を上回っても直ちに大きな社会問題になることはないが，労働供給の対価として受け取る所得を生活の拠り所としている人々にとっては，労働の超過供給による労働形態の変化から

生じた所得の減少，さらには失業にもなると，大きな社会問題になるのは言うまでもない。

1　失業率

日本では，失業率（完全失業率）を下記のように定義する。

$$失業率（完全失業率）＝\frac{完全失業者}{労働力人口}$$

ただし，労働力人口とは15歳以上の人口のうち，働く意思を持ち，現在働いている「就業者」と，現在働いていない「完全失業者」の合計である。就業者とは，調査期間中に賃金，給料，諸手当等の収入を伴う仕事を1時間以上した者を指す。完全失業者とは，調査期間中に働く意思や能力や資格があり，求職活動をしていながら，職が見つからず無職の状態にある者を指す。したがって，

$$完全失業者＝労働力人口－就業者$$

という関係が得られる。

このように，労働力人口や失業率の定義はある意味では大変緩やかなものと言える。なぜなら，失業者とは職を探していたが職に付けなかった者であり，その者が一家の主要な所得稼得者であるか，学生であるか，家庭主婦であるかを問わないからである。たとえば，学生でアルバイトをしている者は労働力人口に入るし，同じ学生でアルバイトを希望し探していたが適当な職がなく働かなくなった者は完全失業者に入る。このことから，失業率という指標がどの程度失業問題の深刻さを反映するかは，数字だけでは理解しきれない現実がある。

2　有効求人倍率

労働市場の需給関係を反映するもう1つの指標である有効求人倍率がある。有効求人倍率とは，有効求職者数に対する有効求人数の比率のことである。つまり，求職者1人あたり何件の求人があるかを示すものである。たとえば有効求人倍率が1.0より高いということは，仕事を探している人の数よりも求人の

ほうが多いということである。一般に有効求人倍率が高いことは、企業がより多くの労働者を求めており、それだけ経済に活気があると考えられる。ただし、現実の経済では、下記の集計対象の限定、雇用のミスマッチ、離職率が高い職種などの問題が存在するため、倍率だけ見ても、労働市場の実態を正確に判断できるとは限らない。

(1) 集計対象の限定

求人倍率の分母をなすのは、職業安定所に登録した求職者に限る。求人広告、求人雑誌、求人サイト、企業の求人申込ページを活用する求職者は含まれていない。これでは求人数が求職者数を下回っても、職安発表では「有効求人倍率1倍以上」という数値を出してしまう。

(2) 雇用のミスマッチ

技術を持つ人に対する求人と技術を持たない求職者、経験者限定の求人に対する未経験者が多い求職者、若い人材に対する求人と中高年が多い求職者、工業地帯の求人に対する工業地帯から遠く離れた地域在住の求職者といった求人と求職のミスマッチが存在する。

(3) 離職率が高い職種

有効求人倍率が高いと言って、その求人の過半数は「離職率の高い業種」を占めている可能性がある。これは、簡単に就職できるが、同時に直ぐに離職の可能性がある。この場合、有効求人倍率が高ければ高いほど、雇用はむしろ不安定である。

3 失業の分類

失業は労働市場における供給超過を意味する。しかし、供給超過と言って、一概に悲観的なイメージで見る必要はない。失業者がゼロであることは現実的にはあり得ないし、失業者を少なくするために社会の効率性を損なう時もある。なぜなら、経済全体では、一方で企業や店の廃業・倒産、企業の海外進出に

伴った職場が失われることがあり，他方で企業や店の設立・開業などにより，新たな雇用が間断なく生み出されているからである。この場合，もし労働の移動が完全であれば，失業は生まれないはずである。しかし，現実の労働市場では，地域，職種，労働者の年齢，性別，教育水準などのさまざまな要因によって分断されており，しかも情報は不完全である。そのため，さまざまな形態の失業が生まれるのはむしろ正常である。J.M.ケインズは，失業を摩擦的失業，自発的失業，非自発的失業の3つに分類する。

(1) 摩擦的失業

年齢・性別・技能などの労働者の特性や，地域間異動の困難，情報の不足などにより，職探し中ではあるが，すぐに仕事が見つからないために発生する失業である。この場合，現実の労働市場が不完全なために発生するのだから，多少の発生はやむを得ない面があるが，求人情報サービスの効率化により，ある程度までの改善が可能である。

(2) 自発的失業

労働者が現在の賃金水準で就業可能な仕事は自分に適していないと判断し，自発的に働かないために起きる失業である。この場合，労働者の個人的な仕事観に基づくものであり，積極的に解消すべきとは考えられない。

(3) 非自発的失業

現行の賃金水準で働きたいと思っていても，労働供給が労働需要より多いためやむを得ずに起きる失業である。この場合，不況に基づく失業であり，政策的な対応により積極的に解消すべきと考える。

4　自然失業率

景気の良し悪しに関わらず，経済には常に就業者（現在働いている人），失業者（就業意思があり仕事をしていない人），非労働者（就業意思を持たない人）という3つのグループの間で人の動きがある。したがって，常にある程度

の構造的な失業が存在するはずである。このような構造的な失業を失業率で表したのが自然失業率（M. フリードマン提唱）である。

　自然失業率の決定因には，産業構造の変化や技術の進歩，人口の高齢化，失業保険の充実，情報の不完全といった社会や経済の構造に大きく関係する。失業者がどれほど労働市場に分断されているか，情報が完全であるか，労働者がどれだけの技能を習得しているか，労働者が職探しをするためのコストがどれぐらいかかるかなどに依存する。成年男子に比べ，若年ないし女性労働者の移動コストは低く転職率が高いので，労働力人口の中で若年，女性労働者の比率が高まると自然失業率は上昇する。失業保険の給付条件が緩和されると，求職期間が長期化し自然失業率は上昇する。情報アクセス能力が低い求職者が増えれば，自然失業率は上昇する。

5　フィリップス曲線

　現実の失業率は景気の変動に応じて自然失業率より高くなったり低くなったりする。景気が悪くなれば失業率が上昇し，インフレ率は低くなる。反対に景気が過熱し失業率が低くなればインフレ率は上昇する。このように，失業率とインフレ率の間にはトレード・オフの関係を示したのはフィリップス曲線である。ただし，フィリップス曲線が初めて発表した時は縦軸に名目賃金上昇率を取っていたが，後に失業率と密接な関係がある物価上昇率と失業率との関係としてとらえなおし，そちらが「フィリップス曲線」と呼ばれるようになった。

　図9-2のように，インフレ率が上昇すると，名目賃金には硬直性があるため，実質賃金率$\frac{W}{p}$が低下する。短期的にはこの労働力価格の低下を受けて雇用量が増加し，失業率が減少する。そのため，インフレ率と失業率の間には右下がりの関係が描ける。ここで，A点にある失業率とインフレ率が最も望ましいとすれば，そこに経済を持ってくるようにすればよいわけである。もし現実の経済がB点にあれば，すなわち望ましいA点に比べて，失業率が高くインフレ率が低くなっていれば，財政・金融政策を駆使して景気を刺激し，インフレ率を上昇させる。逆にC点にあり，望ましいA点に比べて，インフレ率が高く失業率が低ければ，財政・金融政策を引き締め気味にして景気を冷やそ

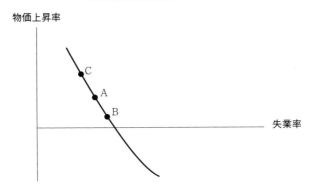

図9-2 フィリップス曲線

うとする。

3 労働市場の動向

　少子化と高齢化の進行に伴った労働力人口の減少，企業の海外進出拡大に伴った国内の産業空洞化，日本型雇用慣行の崩壊に伴った雇用市場の流動化など，日本の労働市場が大きく揺れ動いている。

1　労働人口構造の変化

　1960年，2005年，2050年という3つの時期の人口構成（**図9-3**）を見ると，1960年には15才～64才の労働人口はバランスがとれた台形をなし，15才未満人口の層も厚かったため，豊富な労働人口が日本経済の高度成長を支えていた。2005年に入ると，労働人口の高齢化が目立ち，同時に15才未満の人口も大幅に減少したため，人口構成がいびつな形に変わった。同時期の企業海外進出が加速したのも，労働人口の不足に伴った国内人件費の上昇が背景にあった。さらに2050年の人口予測では，人口構成が逆台形をなし，労働人口が大きく減少するだけでなく，15才未満の人口がさらに減少し，代わりに65才以上の高齢者人口が人口ピラミッドの上部に重くのしかかるような形をなしている。

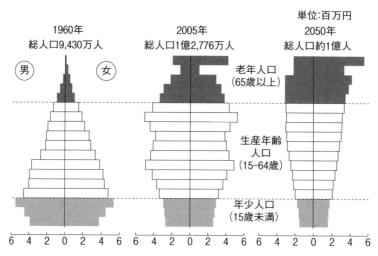

出所:国立社会保障・人口問題研究所資料

2　日本的雇用慣行

「終身雇用，年功序列，企業別組合」は，日本的雇用慣行の三本柱として知られる。終身雇用とは，定年まで同じ企業で働き続けることで，年功序列とは，賃金水準は成果ではなく，何年その企業で働いたかで決まることである。そして，従業員の雇用や労働条件の維持などを守るために，企業単位で形成される組合側が経営側と団体交渉を行うことは組合の役割である。

　この三本柱は，経済が成長し続け，企業も好業績が維持し続けるなら，持続可能なシステムであるが，一旦成長が止まり，またはマイナス成長に陥ったとき，企業業績の悪化とともに，企業は長く勤めた従業員に高い給与を支払う余裕がなくなり，中高年のサラリーマンが真っ先にリストラの対象とされるようになる。そうすると，本来，従業員を守るはずの組合は，その他の多数の従業員の雇用という現実の問題に直面し，労使交渉における力の限界が現れる。

　90年代以降，バブルの崩壊に伴った不況が長期化の中，多くの企業が活路を

求めて海外への進出を模索し始めた。その中，厳しい国際競争に立される大企業もあれば，高い技術力をもって競争に勝ち続け，高い利益を上げる中小企業もある。これらの変化は労働者の求職意識の変化に現れる。かつての一流上場企業なら，安心できるという信仰が薄れつつある代わりに，実力で高い報酬を手に入れようとする者と，中小企業でも安定的な職を得たい者という意識の二分化が現れる。

その背景には，大手企業を中心に競争に勝つための，過剰労働力のリストラや，過大な設備の処分，能力給，年俸制の導入といった無駄を極力に省く経営手法があった。それに対して，労働者もよりよい職場に転職し，キャリアアップを目指すという考え方が主流となりつつある。その結果，終身雇用，年功序列などの雇用慣行がもはや維持できなくなり，日本的雇用慣行の再評価が求められるようになる。

3　非正規雇用労働者急増

近年，労働市場に見られる大きな変化は非正規雇用労働者の急増である。厚生労働省の発表によると，2014年非正規雇用労働者の割合が40％まで上昇し，労働者の5人に2人が非正規労働者を占めるようになる。非正規雇用労働者とは，有期契約労働者，派遣労働者，パートタイム労働者などをいう。正規雇用労働者と比較したとき，①給与が低い，退職金やボーナスがない。②雇用が不安定。③昇進・昇給，能力開発などのキャリア形成の仕組みが整備されていないなどの問題点が指摘される。これは賃金格差の拡大やワーキングプアといった社会問題が生まれる背景にもなる。

非正規雇用労働者が急増する理由として，働き方，グローバル化，雇用慣行の3つが指摘される。

働き方の問題としては，労働を供給する側が働き方や労働時間の柔軟性を求めて，積極的にパートやアルバイト，あるいは派遣としての就業を望んだ結果として，非正規雇用者の割合が伸びたという説である。ただし，近年の労働市場を見ると，正社員の仕事に就きたいが仕事がない。そのため，正社員になるまでのつなぎとして非正規雇用という働き方を選択した人が増えているのが現

状である。つまり，積極的に非正規雇用者を選ぶよりも仕方がなく非正規雇用者になっている。

グローバル化の問題としては，90年代以降の企業の海外進出に伴った国内生産拠点の縮小があげられる。その結果，日本国内では人件費の削減と付加価値の高い仕事に対する圧力が非常に高まってきた。付加価値の高い仕事が重要になる一方で，そうではない仕事があるのも事実である。付加価値の相対的に低い仕事を従来のように正社員が賄えば，企業の人件費が高騰し，グローバル市場での競争力を失ってしまう。そのため，人件費の高騰を避けようとする企業戦略の一環として，正規雇用者を減少させる一方で，パートタイム労働者などの非正規雇用者の雇用を増加させている。

日本的雇用慣行の問題としては，高度成長期に企業は相対的な人材不足と人材育成の必要性から，企業内教育訓練と安定的雇用を制度的に整備した。これらは日本企業の成長に貢献したのは紛れもない事実である。しかし，グローバル化の進展に伴った国際分業が急速に推進されるようになると，未熟練者でも務まる仕事が増えてくる。そうなると，正規雇用労働者よりも非正規労働者を採用し，活用したほうが効率的であると企業側が判断する。加えて技術革新の進展によって，熟練労働者の技能の陳腐化のスピードが速くなり，長期勤続者ほど熟練の陳腐する度合いが高く，その結果として長期勤続者ほど生産性と賃金が大きくかい離するという問題が生じる。つまり，人件費の高騰に対処するために，企業はリストラを行うと同時に，新卒採用を控え，非正規雇用者を多く雇うようになる。

物価と物価水準

国民経済の安定的かつ持続的な拡大を目指すには，物価の安定が不可欠である。通常，物価は個々の財やサービスの価格ではなく，経済全体での一般的な物価水準を指す。そして，物価の変動は個々の財やサービスの量と価格をもとに計算され，各種の物価指数で示される。

1　主な物価指標

　主要な物価指標は，経済全体の物価変動を示す **GDP デフレーター**，企業間の商品取引価格を指数化した**企業物価指数**（CGPI），消費者が日常購入する商品やサービスの価格を指数化した**消費者物価指数**（CPI）などがある。

　GDP デフレーターとは，国内で生産されたすべてのモノやサービスの付加価値の価格水準を示す指標で，$\dfrac{名目\ GDP}{実質\ GDP}$ で算出される。経済全体の物価の変化を捉えるには，GDP デフレーターは最も有効な指標である。

　企業物価指数（CGPI）とは，企業間で売買する物品の価格水準を数値化した指標である。国内の企業間取引の価格を対象とした国内企業物価指数と，海外に輸出される価格を対象にした**輸出物価指数**（EPI），海外から輸入される価格を対象にした**輸入物価指数**（IPI）とに分かれる。企業物価指数は，卸売段階での最終製品の前の企業間でやり取りされる原材料や中間製品の価格変動を指数化しているため，消費者物価指数を予測する指標としても注目される。

　消費者物価指数（CPI）とは，消費者が購入するモノやサービスなどの物価の動きを把握するための指標である。経済活動において，国民のお金回りが良くなり，モノを買う人が多くなれば消費者物価指数の上昇率が高まり，逆に上昇率が下降する。消費者物価指数は一般物価水準の変動がわかる「経済の体温計」と呼ばれ，一国の経済政策を決める上で重要な指標となる。

表9-1　主な物価指数

	目的	計算方法
GDP デフレーター	経済全体の物価の変化を捉える	その年の名目 GDP ÷ 実質 GDP
企業物価指数（CGPI）	企業間で取引される財やサービスの価格を捉える	国内企業物価指数（910品目），輸出物価指数（222品目），輸入物価指数（293品目）を選定し算出する。基準改定は5年ごと
消費者物価指数（CPI）	全世帯が購入する各種の財やサービスの価格を捉える	食料，住居，光熱・水道，家具・家事用品，被服および履物，保健医療，交通通信，教育，教養娯楽，諸雑費などの約600品目を選定し算出する。基準改定は5年ごと

2 物価水準の決定

マクロ経済学では，物価は経済全体としての需要と供給をバランスする水準に決まる。つまり，経済全体としての需要が供給を上回るときに物価水準が上昇し，反対に下落するというように，需要と供給が一致するところに物価水準が決まるわけである。

(1) 総需要曲線

第7章で説明したように，総需要の水準はIS曲線

$$Y = C(Y) + I(r) + G$$

と，LM曲線

$$M = L(Y, r)$$

によって決定される。ただし，Yは総需要（またはGDP），Cは個人消費，Iは企業投資，Gは政府支出，Mは貨幣供給量，Lは貨幣需要，rは利子率をそれぞれ示す。

IS曲線において，政府支出Gは政策変数であり，物価pとは無関係に決められる。また，消費Cは実質可処分所得の関数であり，実質可処分所得が変化しない限り物価pとは無関係である。したがって，物価pの変化が最も影響を受けやすいのは投資Iである。つまり，物価pの変化が実質賃金率（実質貨幣供給量）$\frac{W}{p}$の変化を引き起こし，それによって利子率が変化し，投資Iは変化する。

この物価上昇による投資変化のプロセスをLM曲線を用いて証明しよう。貨幣量Mを一定として物価水準pが上昇すると，実質賃金率（実質貨幣供給量）$\frac{W}{p}$は低下する。つまり，物価pの上昇は実質的に貨幣供給量を減少させる結果をもたらす。実質的に貨幣供給量が減るため，総需要Yが一定のもとで，利子率rを上昇させる圧力が生じる。

このように，物価水準の上昇により，利子率が上昇し，その結果として投資

図9-4 総需要曲線と総供給曲線

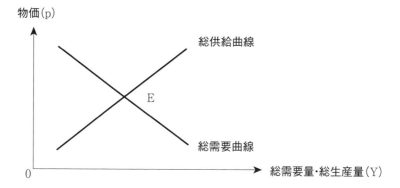

需要が抑制される。投資需要が抑制される分だけ総需要が抑制されるため，**図9-4**のように総需要曲線は右下がりになる。

(2) 総供給曲線

既述したように，ケインジアンの名目賃金 w が下方硬直的である。ここで，労働市場に不完全雇用が存在するとしよう。物価水準 p の上昇は実質賃金率 $\frac{w}{p}$ の下落をもたらす。これは労働需要曲線にそって雇用の上昇をもたらす。労働市場の雇用増は総生産量を増やし，総供給曲線が右上がりになる。

また，**図9-4**で示す総需要曲線と総供給曲線の交点 E は一般物価水準の均衡点であり，一般物価水準が均衡時の GDP を示している。ただし，労働市場では企業の労働需要に応じて雇用が決定されるが，必ずしもすべての労働者が雇用されるわけではないので，完全雇用 GDP と物価水準均衡時の GDP との間に差が生じることがある。この差が不完全雇用（非自発的失業）を生み出すため，財政・金融政策を用いて調整する必要性が生じる。

 物価変動の要因

物価水準の変動は，インフレーション（インフレ）とデフレーション（デフレ）を引き起こす。インフレとは物価水準が持続的に上昇する現象で，デフレ

とはその反対の物価水準が持続的に下落する現象である。前者は景気が過熱するときに発生しやすいが，一方，景気の低迷が特に深刻なとき，物価が下落し続け，デフレが発生する。

1 インフレの発生原因

インフレの発生原因は，需要超過によるディマンド・プル・インフレと，コストの上昇によるコスト・プッシュ・インフレに区別される。また，インフレの程度から，クリーピング・インフレ（年率約3〜6％），ギャロッピング・インフレ（同10％以上），ハイパーインフレ（同100〜数1000％以上）などに分ける。

(1) ディマンド・プル・インフレ

通常，好景気の時に発生する。好景気のもとで，企業の収益が増えると，勤労者の所得が増え，貨幣供給増に伴った需要拡大が物価上昇を促すという循環を生み出す。**ディマンド・プル・インフレ**の発生要因は大きく消費インフレ，財政インフレ，輸出インフレの3つが考えられる。

① 消費インフレ

好景気のもと，取引が活発のため，通貨量は増えていく。生産も増えて，需要も増えるという好循環に入る。しかし，フル操業で完全雇用水準の生産量に到達すると，これ以上，生産量を増やせなくなる。したがって，需要の増大が続くと，超過需要が生じてしまう。

② 財政インフレ

政府は景気を刺激するために，公共事業の拡大による有効需要創出の政策を取る。公共事業の財源は赤字国債で賄うことが多いから，財政収支の悪化を招くことになる。しかもこれらの政策が必要以上に行われると，財政支出の急激な増大により，総需要が総供給を超過し物価水準が高騰する。

③ 輸出インフレ

企業が製品を輸出に振り向けたことにより，国内市場向けの供給量が結果

的に減り，価格に跳ね返ってくることがある。また，輸出の増加は輸出代金としての外貨が多く獲得し，これらの外貨はやがて国内に流入し始めると，国内通貨供給増をもたらし，購買力の増大に伴った需要超過が発生する。

(2) コスト・プッシュ・インフレ

コスト・プッシュ・インフレは，賃金や原材料費の高騰などのコストの上昇によって発生するもので，供給サイドに原因がある。コスト・プッシュ・インフレの種類には大きく賃金インフレ，輸入インフレ，生産性価格差インフレの3つが考えられる。

① 賃金インフレ

賃金が上がり，企業側が賃上げした分を製品の価格に転嫁し，コスト増加分を吸収しようとする。そうすると，物価上昇の圧力が高まり，賃上げ，物価上昇という循環が生まれる。

② 輸入インフレ

輸入インフレは輸入原材料やエネルギー価格の高騰によって，国内生産コストの上昇のもとで発生する。コストを吸収するための製品価格に転嫁されると，物価が上昇する。また，自国の通貨安も輸入品の価格高騰につながり，国内価格の上昇をもたらす。

③ 生産性格差インフレ

経済成長の過程で，業種間で生産性の上昇率に差異が現れる。生産性の高い産業部門では賃金上昇が始まると，生産性上昇率の低い産業部門でも労働者を確保するための賃上げを応じざるを得なくなり，社会全体に賃金の平準化が現れる。一方の生産性上昇率の低い産業部門では，賃金上昇を生産性上昇でカバーできなくなると，コスト増加分を価格転嫁するようになる。

2 デフレとデフレスパイラル

デフレとは物価が持続的に下落する現象である。景気低迷の長期化が消費不振をもたらし，需要の減少から価格の持続的な下落を引き起こす。モノの値段

が下がれば，企業の利益が減少し，勤労者の給与が下がる。そして，給与が下がれば，消費不振を招き，そうなると，さらにモノが売れなくなり，モノの値段がさらに下がっていくというデフレが連続的に発生する現象は**デフレスパイラル**という。デフレスパイラルが発生すると，経済全体が縮小均衡に向かう。

　景気が悪化し，需要の減少を伴いながら，物価が持続的に下落していくというデフレ現象は，1930年代の世界大恐慌に起こって以来，戦後を通じて一度にも発生することがなかった。しかし，バブル経済崩壊後の長期不況の中，日本経済はついにデフレを経験することになった。

　バブル崩壊後の企業の業績悪化，勤労者の所得減少，資産価値の下落というトリプルパンチの中，消費者が自己防衛のための消費を控えるようになり，それが企業の製品販売に直撃し，業績悪化をもたらした。その中，多くの企業は新しい活路を求めて，海外への展開を模索し始めた。なかでも，低賃金で資源が豊富なアジア諸国への進出がブームとなった。海外直接投資増は，日系企業による国内消費者向けの現地調達が増え，日本国内向けの逆輸入の急増につながる。国内の消費不振に海外からの安い消費財の輸入拡大も加えて，国内物価を一段と下落させる効果となった。つまり，国内の消費低迷は企業の海外進出を加速させ，現地の安い労働力，原材料を利用した生産拡大が日本国内に安い消費財の逆輸入を増大させる結果となった。この持ち帰り型の輸入拡大と国内需要不振が持続的に作動した結果，**デフレスパイラル**が現れた（表9-2）。

　デフレ経済の中，「不況時代の成長産業」として注目されたのは，100円

表9-2　デフレスパイラルの構造

① 不況のため，モノが売れない
② モノの値段が下がる
③ 企業の収益が悪化する
④ 勤労者の所得が減少する
⑤ 消費が低迷する
⑥ さらにモノが売れなくなる
⑦ 在庫処分のための安売りがモノの値段を一段と下げる
⑧ 企業の収益がさらに悪化する
⑨ 消費者がモノを買わなくなる→①〜⑨を繰り返す
⑩ 経済活動が縮小均衡へ向かう

ショップである。本来，諸外国に比べ，物価が高い日本では100円ショップの定着がそう容易ではなかったが，バブル崩壊後の長期不況の中，急速に全国で広がった背景には，100円ショップで売っている商品がほとんど外国製で，特に中国製の割合が高かったことがある。つまり，企業の海外進出に伴った現地生産・調達の効率化の中，100円ショップが急成長したのである。言い換えれば，100円ショップはデフレの産物である。

3 物価変動と成長率

GDP は名目と実質に区別される。名目 GDP は，国内で1年間生産されたすべての財の生産量に価格をかけて，足し合わせたものである。これは，名目 GDP は生産が増大しても，価格が上がっても増大することを意味する。ただし，この場合，生産がまったく増えなくても価格が上がれば，それだけの名目 GDP が増大することになる。そういう形の名目 GDP が増えてもまったく意味をなさないことが分かる。

国民経済の実態をより正確に測るために，価格の動きに左右されず，生産量の動きだけを見るための指標である実質 GDP を使用している。ある年の実質 GDP 成長率は，その年の名目 GDP 成長率にその年の物価上昇率を引いたもので計算される。

実質 GDP 成長率＝名目 GDP 成長率－物価上昇率

ただし，上記方程式に従えば，ある年の名目成長率は0％で，物価上昇率がマイナス2％の場合，実質 GDP はプラス2％の成長になるという景気の実態から乖離してしまう現象が起きる。このことから，物価が上昇している経済においては，物価の動きを含んで計算される名目 GDP の値よりも，実質 GDP の値のほうが重要である。反対に，物価が下落している場合，名目 GDP の動きが重要視される。

第10章

国際マクロ経済学

```
┌─────────────── キーワード ───────────────┐

・国際収支
  一国の国際取引から生じた外国への支払と，外国からの受取との貨幣勘定を，
  一定期間（通常1年）にわたって集計したもの。通常，①経常収支，②資本収支，
  ③外貨準備増減という3つの部門からなる。
・為替レート
  異なる通貨間の交換比率。通常，新聞やニュース等で発表される円ドルレート
  は名目為替レート。両通貨間の物価水準の変動を調整したのは実質為替レート。
  一国の通貨が対象となる全ての通貨との為替レートを，貿易額等で計った相対
  的な重要度でウエイト付けして集計・算出したのは名目実効為替レート。名目
  実効為替レートの物価動向要因を取り除いたのは実質実効為替レート。
・為替相場の変動要因
  短期：市場の思惑や，為替投機，金利動向，為替リスクヘッジ，先物市場の動
  向など，さまざまな要因が複雑に絡んでいる。
  中期：その国の経済実力によって反映される。経済成長率，経常収支，貿易収支，
  外貨準備残高，海外直接投資などが参考指標になる。
  長期：自国通貨と外国通貨で同じものを購入できるという両国の物価水準を考
  慮した交換比率である購買力平価説によって決める。
・Jカーブ効果
  為替レートの調整には時間がかかるので，急激な円高の場合，既契約分の輸出
  が実施され，貿易黒字が一時的に拡大する方向に動くが，一方，黒字の拡大は
  さらに円高を誘発し，1〜2年の間に黒字が拡大しつづける現象。
・地域統合
  地理的に近い国々が経済政策を協調させたり，関税等の貿易制限を撤廃したり
  して，貿易振興と地域経済の発展を促進するための「自由経済圏」を設定する。

└─────────────────────────────────────┘
```

国際マクロ経済学の分析モデル

　今日，一国の経済活動は，国際貿易や海外直接投資などの海外経済とのかかわりを抜きにして語ることができない。海外との貿易や投資を考慮に入れてマクロ経済の動向を分析するのは国際マクロ経済学，または，開放型マクロ経済学と呼ぶ。国際マクロ経済学の分析モデルは，家計，企業，政府部門に輸出，輸入を加えたもので，

$$Y = C + I + G + X - M$$

で示される。

　ただし，Yは国民所得，Cは個人消費，Iは企業投資，Gは政府支出，Xは輸出，Mは輸入をそれぞれ表す。このモデルから，一国の財・サービスに対する需要（支出）は，個人消費・企業投資・政府部門だけでなく，海外部門の輸出需要（支出）も発生するので，輸出を足すことになるが，同時に海外からの輸入供給を受けるので，国民所得から差し引くことになる。

　また，一国の経済活動において，景気動向の良し悪しを判断する材料として，個人消費の伸びが最も重要な指標の1つである。消費は以下の消費関数によって決められる。

$$C = c_0 + cY$$

　ただし，c_0は人間社会で生きていくための最低限の消費であり，独立消費または基礎消費という。cは所得の増加のうち，消費に回される比率を示し，限界消費性向という。Y_dは所得のうち，税金を納めた後の手取り額であり，可処分所得という。よって，

$$Y_d = Y - T$$

という方程式が得られる。ただし，Yは国民所得，Tは税である。今日，ほとんどの国では，所得に応じて納税額を決めるという累進課税制を導入しているので，

$$T = tY$$

になる。ただし、tは所得に依存する税率である。

上記を整理すると、以下の消費を決める方程式が得られる。

$$C = c_0 + cY(1-t)$$

また、輸入は海外からの財を購入することで、国民所得に依存して決めるため、

$$M = mY$$

が得られる。ただし、mは限界輸入性向という。

上記の消費と輸入を国際マクロ経済モデル $Y = C + I + G + X - M$ に代入すると、

$$Y = \frac{1}{1 - c(1-t) + m}(c_0 + I + G + X)$$

が得られる。ただし、

$$\frac{1}{1 - c(1-t) + m}$$

は乗数と呼ばれ、個人消費、企業投資、政府支出、輸出などの増大は、乗数プロセスを通じて国民所得の拡大効果が期待される。

90年代以降、海外直接投資が増え続ける日本では、海外投資による収益が増えるが、国内投資減少による投資の乗数効果が低下する。一方、近年の訪日外国人増に伴った外からの内需の拡大は国民所得増への誘発効果が期待される。

2 国際経済の捉え方

国際経済は、ヒト、モノ、カネが国境を越えての経済活動である。これらの経済活動は、時代の変化とともに規模が拡大され、多様化していく。それに合わせて、グローバル的な経済活動を支える各種システムやネットワークが整備されていく。

1　3つの国際経済

　対外経済活動の進展に伴って，従来の国際貿易を中心とする対外経済活動から，海外直接投資による国際分業や，インターネットを駆使して，地球規模の技術開発や情報財の共有といった経済活動も積極的に展開するようになる。特に技術進歩と情報ネットワークが発達する今日では，国境の存在を無意味にし，人間は様々な「知」を武器にグローバル市場を勝ち取ることが可能になる。このような変化から，国際経済は「国際経済」，「世界経済」，「グローバル・エコノミー」という3つの概念に分けて整理する必要がある。

(1) 国際経済（International Economy）

　国際経済とは，国と国との間の経済活動であり，国民国家を基盤として成り立つ。各国は自国に存在する生産要素（労働，資本，土地）を活用し，生産活動を行い，生産された製品は自国市場への供給のほかに，外国への輸出も行う。また，これらの製品の生産に必要な原材料やエネルギー，および一部自国で生産できない製品を輸出で獲得した外貨を用いて輸入を行う，いわゆる，国際貿易が発生する。つまり，ここで言う国際経済は，主として国境を越えての商品の交換であり，「**モノの流れ**」である。

(2) 世界経済（World Economy）

　世界経済とは，国民国家の枠を越えての経済活動であり，企業による国際的な資本の自由移動が前提となる。国際貿易では，国と国との貿易不均衡を引き起こし，貿易摩擦が生じる場合がある。これらの摩擦を解消するために，海外現地生産のための直接投資が行われるようになる。また，自国の生産要素の不足を補うための海外生産や，新しい市場を開拓するための海外投資も多く行われている。これらの現象は，従来の国際貿易では捉えきれないものであり，新たに「世界経済」という分析の枠組みが必要となってくる。つまり，「世界経済」は，多国籍企業を中心とする海外での生産活動であり，進出の形態は，主として資本の国際間の自由移動であり，「**カネの流れ**」である。

(3) グローバル・エコノミー（Global Economy）

グローバル・エコノミーとは，グローバル市場を相手とする経済活動であり，ヒト，モノ，カネがボーダレスの地球社会に効率に活用されることが前提となる。これまで一部の国，地域にとどまった海外直接投資は，企業が経済規模のメリットを求めて，次第にほかの国へ投資を拡大させ，国際分業体制が先進国と発展途上国との間に，また先進国同士，発展途上国同士の間に構築されていく。その過程，地球規模の資本（カネ）の移動と労働力（ヒト）の活用という生産体制が構築され，生産された製品（モノ）は地球村の住民に供給する体制を整えることが可能となる。さらに，この流れはインターネットの誕生によって一層加速されていく。インターネットはグローバル社会の人間の頭脳を組織的に活用し，そこから生み出されたさまざまな「知」を武器にグローバル市場を勝ち取っていくという仕組みを作り出す。すなわち「グローバル・エコノミー」は，地球上のヒト，モノ，カネを総動員する経済活動であり，知識がこの流れをリードする**「知の流れ」**である。

2　国際経済を支える4つのシステム

戦後，国際協力による世界経済の均衡的拡大を目的に，1944年に**ブレトン・ウッズ体制**が誕生した。同体制のもとでは，①差別的なブロック経済を排し，自由で無差別な多角的な世界貿易体制の確立，②平価切下げ競争を避け，為替相場の安定を図る，③雇用と生活水準の向上を図るための，経済開発の促進と高い成長の達成という3つの理念を掲げた。これらの理念を実現するために，国際通貨，国際貿易，国際投資，国際労働供給といったシステムが相次いで誕生し，世界経済の持続的な発展に貢献してきた。今日，地球上のほぼすべての地域と国家がこれらのシステムに組み込まれ，国際分業体制を構築している。

(1) 国際通貨システム

1947年に設立された国際通貨基金（IMF）は為替相場の安定，為替取引の自由化を目的に，**国際通貨システム**の安定化を取り組んできた。その中，アメリカは莫大な金準備をバックに，IMF体制を安定化させ，ドルを国際通貨，基

表10-1 国際通貨システムの確立

年	出来事	内容
44年7月	ブレトン・ウッズ体制	自由貿易，為替相場の安定，経済成長
46年6月	国際復興開発銀行（IBRD通称：世界銀行）業務開始	戦災国の復興，発展途上国への長期融資
47年3月	国際通貨基金（IMF）発足	金・ドル本位制，固定為替相場制（金1オンス＝35ドル，1ドル＝360円）国際収支困難国への一時融資
60年代	ドル不安	軍事支出と対外援助による国際収支赤字，ドル信用低下による米国から金流出
71年8月	ニクソン・ショック	金とドルの自由交換の停止
同12月	スミソニアン体制へ	ドルの平価切下げ，固定相場制の維持（49年以来の1ドル＝360円から308円）
73年2月	総フロート時代	大規模な平価調整にもかかわらず，国際不均衡が是非されず，変動相場制へ

軸通貨の役割を果たしながら，従来の金本位制から，金・ドル本位制を確立させた。しかし，アメリカの軍事支出増や対外開発援助増による国際収支の悪化はドル不安をもたらし，1971年8月**ニクソン・ショック**と言われる金・ドル自由交換の停止に至った。その間，戦後から維持してきた固定為替相場は，同12月の**スミソニアン体制**のもとで，ドルが大幅な平価切下げを実施したにもかかわらず，国際不均衡がほとんど是正されず，為替相場が1973年から総フロート時代に突入し，今日までの変動為替相場を確立した。

(2) 国際貿易システム

国際貿易システムは，1947年に調印された関税・貿易に関する一般協定（GATT）から発足した。GATTの理念は，①自由貿易（関税の引き下げ，輸入制限の撤廃，ただし一部の例外を認める），②無差別原則（加盟国同士が最恵国待遇や内国民待遇を与え合う），③多国間交渉（定期的なラウンド交渉による関税の引き下げ）の3つである。その後の世界貿易構造の急激な変化に対応して，86年～93年のウルグアイ・ラウンドでは，①従来のモノの貿易から，

表10-2　GATTとWTO

	GATT	WTO
正式名称	関税及び貿易に関する一般協定	世界貿易機関
発足年	1947年	1995年
加盟国数	発足時23か国 1994年末125カ国・地域	161カ国・地域 （2015年6月現在）
紛争処理方法	紛争処理委員会による裁定	貿易政策審査委員会・紛争処理機関による裁定
対象分野	モノの貿易	モノの貿易，サービス貿易，知的所有権，貿易関連投資
罰則規定	加盟国中1カ国でも反対があれば実施不可能（コンセンサス方式）	全加盟国の反対がなければ実施可能（逆コンセンサス方式）
強制力	きわめて弱い	強い
問題点	影響力が弱く貿易の重要問題の話し合いが少ない	主要加盟国の脱退が考えられるため，弱体化の可能性がある

サービス貿易，知的所有権，貿易関連投資といった分野のルール化，②農業分野の輸入制限を禁止し，「例外なき関税化」と関税引き下げのルール化，③多角的貿易紛争処理システムとしての世界貿易機関（WTO）の設置などの改革が行われ，国際貿易ルールの明確化に大きく貢献した。そして，1995年に発足したWTOは，国際貿易を統括する機能を持つ世界機関として，GATTでは実現し得なかった国際貿易の更なる自由化を目指した本格的な国際組織の誕生となった。

(3) 国際投資システム

　国際投資は，形態別に直接投資，証券投資，貸し付けに区分される。なかでも，海外直接投資による投資国と受入国における産業構造，貿易構造の高度化への貢献が大きい。世界中に生産や販売のネットワークを構築する多国籍企業は，経営資源（経営，技術，販売，組織に関するノウハウと能力）の国際的移動を通じて，投資受入国の産業を輸出産業へと高度化しつつ，投資国に新しい産業を育成し，貿易構造の高度化を図るという貿易補完型直接投資と，投資国

表10-3　海外直接投資の主要形態

主要形態	目的
低賃金指向型の直接投資	国内生産コストの上昇に伴った労働集約型産業の海外進出
資源開発型の直接投資	安定的に低価格資源の確保
市場密着型の直接投資	現地市場の開拓，ニーズに合った製品の生産・販売
販売拠点への直接投資	海外販売拠点の強化による販路拡大
貿易摩擦回避型の直接投資	同質化された海外市場への進出
グローバルネットワーク構築型の直接投資	金融業などが全世界進出戦略に伴った海外進出
タックス・ヘイブン型の直接投資	税回避やタックス・パラダイス

が自国の比較優位産業を海外へ進出させ，自国の輸出を代替するという貿易代替型直接投資に分けられる。

東アジアでは，60年代に日本からNIEs（韓国，台湾，香港，シンガポールといった新興工業経済地域），80年代にNIEsからASEAN（東南アジア諸国連合）や中国，そして90年代以降の中国への大規模な海外直接投資によって，「東アジアの奇跡」といわれる急成長を遂げた実績がある。海外直接投資は，投資受入国に雇用創出と技術移転や，投資国に新しい生産と販売市場の開拓と貿易摩擦の回避などに効果があることから，今日，国際貿易とともにグローバル経済の発展を支える重要な柱となっている。

(4) 国際労働供給システム

国際労働供給は，古くは16世紀の植民地体制の下でのプランテーション経営のために，アフリカから大量の奴隷労働力と，ヨーロッパからの移民がアメリカ大陸への移転があった。また，第二次世界大戦後，西ヨーロッパを中心に周辺地域から大量の労働力の移動，石油危機後，アラブ人やアジア人の出稼ぎ労働者が中東産油国への移動などがある。さらには近年のアジアの経済成長の陰に，華僑や華人が果たした役割が大きい。

このような国境を超えての労働力の移動は，基本的に自国の生産活動の拡大

に伴う労働力の需要から発生する。しかし，80年代以降，先進国における労働コストの上昇に伴って，海外への直接投資が誘発され，労働需要は直接労働力が豊富な国へ求めるように変わっていく。東アジアで形成された労働集約型的な分業体制はまさにこの国際的労働供給によるものである。また，この国際分業のプロセスの中，「世界の工場」と言われる中国の世界に向けての大量生産，大量輸出の方式が生まれたのである。

国際収支と国際金融危機

国際金融は国境を越えての資金移動である。これには商品貿易のような非金融的取引に基づくものと，純粋の資本取引のような金融取引にもとづくものとが含まれる。これらの資本の国際移動は，最終的に各国の国際収支という形で集計される。

1　国際収支

国際収支とは，一国の国際取引から生じた外国への支払と，外国からの受取との貨幣勘定を，一定期間（通常1年）にわたって集計したものである。通常，①経常収支，②資本収支，③外貨準備増減という3つの部門からなる。

経常収支には，貿易収支，サービス収支，所得収支，経常移転などの国際的な所得移転を含む。貿易収支とは，財の輸出から財の輸入を差し引いたものである。サービス収支とは，輸送，旅行，通信，建設，保険，金融，情報，特許権使用料，その他営利業務，文化・興行，公的その他サービスなどの国境を越えたサービスの取引である。所得収支とは，国境を越えた雇用者報酬（外国への出稼ぎによる報酬の受取等）および投資収益（海外投資による利子・配当金収入等）の支払いである。経常移転収支とは，政府間の無償資金援助，国際機関への拠出金，出稼ぎ外国人の母国への送金，海外留学生への仕送り等を含むものである。

資本収支とは，居住者と非居住者の間で行われた資産・負債の受取を指し，投資収支とその他資本収支からなる。投資収支とは，国境を越えた直接投資，

表10-4 国際収支表

①経常収支	貿易・サービス収支	貿易収支
		（輸出）
		（輸入）
		サービス収支
		貿易・サービス収支計
	所得収支	
	経常移転	
	経常収支計	
②資本収支	投資収支	
	その他資本	
	資本収支計	
③外貨準備増減		
④誤差脱漏		

証券投資，金融派生商品，その他投資等を指す。その他資本収支とは，資本移転（固定資産の取得・処分にかかる資金の移転等），その他の資産の動きを計上する。

　外貨準備増減とは，政府通貨当局の管理下にある対外資産の増減を示す。

2　日本の国際収支の変化

　日本の国際収支の代表的な指標である経常収支は，1980年代はじめに第二次オイルショックの影響で赤字になったのを最後に，その後一貫して黒字を続けている。この背景には貿易黒字が拡大し続けていたことがある。経常収支の黒字は，海外資産残高を増やし，海外に対して債権国になっていることを意味する。一方で，日本の資本収支は常に赤字の状態が続いており，資本フローでみると，貿易で稼いだ黒字を証券投資・直接投資といった形で国外に流出している。

　ただし，図10-1で示されるように，2005年を機に企業の海外進出拡大から

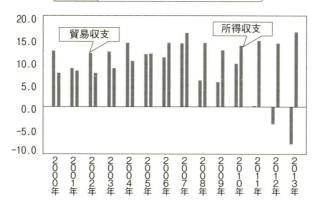

図10-1 日本の貿易収支と所得収支の推移

出所:財務省「国際収支状況」から作成

得た投資収益や雇用者報酬からなる所得収支の黒字が貿易黒字を上回るようになると，日本は貿易で稼ぐよりも投資で稼ぐという「投資立国」時代に入ったことを意味し，経済の成熟ぶりを示すものでもある。そして，2011年以降，貿易収支が赤字に転落し，従来の輸出主導による成長パターンの終焉を迎え，日本経済が新たな成長の分岐点に直面する。

3 経済成長と国際収支の変化

一国経済の各発展段階に応じて，国際収支には①未成熟な債務国，②成熟した債務国，③債務返済国，④未成熟な債権国，⑤成熟した債権国，⑥債権取崩国という6段階（**表10-5**）の変化がみられる。GDPと貿易収支との関係を見た場合，物価変動を調整した実質輸出から実質輸入を差し引いた「純輸出」（外需）の動向が成長率を左右する。純輸出が増加すれば成長率を押し上げるが，反対に純輸出が減少すれば成長率を押し下げる要因になる。

バブル崩壊後の景気低迷が続く日本経済は，2011年に貿易収支が赤字に転落してから，今日まで赤字基調が続いている。一方，成長率の低下に伴った国民所得の減少が，個人所得の減少をもたらす可能性は否定できない。今後，貿易赤字の拡大による経常収支が赤字に転落する事態が発生すれば，中長期的に国

表10-5 経済成長と国際収支の変化

発展段階	産業レベル	国際収支の変化
未成熟な債務国	産業未発達	貿易収支が赤字，海外資本を導入するため，資本収支が黒字
成熟した債務国	輸出産業発達	貿易収支が黒字，過去の債務が残っているため，所得収支が赤字，経常収支が赤字
債務返済国	輸出産業高度化	貿易収支黒字が拡大，経常収支が黒字，対外債務を返済するため，資本収支が赤字
未成熟な債権国	海外直接投資開始	対外債務の返済が進み，対外直接投資が始まるため，債権国へ，所得収支が黒字
成熟した債権国	海外直接投資拡大	貿易収支が赤字に転落するが，所得収支が黒字のため，経常収支が黒字
債権取崩国	輸出産業衰退	貿易収支の赤字が拡大し，経常収支が赤字に転落する。対外債権が徐々に減少する。

民の生活水準を一定のレベルに保つためには，海外資産を取り崩す必要性が生じるかもしれない。

4 国際金融と国際金融危機

　国際金融は国境を越えての資金移動であり，その特色として，①外国為替取引を伴う。ある国の企業と別の国の企業が国境を超えて取引する場合には，それぞれの企業は，自国の通貨と他国の通貨を交換する必要があるからである。②中央銀行が存在しない。たとえ資金が足りなくなっても，世界全体をコントロールするような中央銀行が存在しないので，それぞれの国や地域で対応する方法しかない。③海外の情勢に影響を受けやすい。資本は有利な投資先や，原材料費などの安い国や地域を求めて動きまわるので，海外の情報には非常に敏感に反応する。

　世界規模の情報ネットワークが構築される今日では，とりわけ，金融分野において，他国との金融・資本市場の統合を加速し，各国市場の相互依存関係が深まっていく。このような関係の強化は，本来，世界金融市場の拡大，資本の有効活用に寄与するが，金融市場の発達がゆえに，さまざまな金融派生商品が

生まれ、取引ルールの多様化と複雑化、投機資金の短期間での流入・流出などによって、一国の為替市場や株式市場に起きた混乱は、その影響が一国内にとどまらず、時には世界中に金融不安が波及する事態にもなりうる。

なかでも、金融市場の整備が遅れた発展途上国では、短期的に大量の投機資本の流出入は国内金融市場に大きな混乱が生じ、時には破壊的なダメージを受ける場合がある。また国際金融市場との一体化により、先進国発の金融危機がたちまち途上国にも広がり、被害を拡大する恐れがある。こうした金融不安に対して、従来の一国による対策はもはや限界である。そのためのグローバル規模の政策協議、統一的な対応が求められる。

(1) アジア金融危機

90年代、「**東アジアの奇跡**」と称されるほど目覚ましい成長を実現した東アジアが思わぬ危機に見舞われた。1997年7月、タイバーツへの投機売りの圧力に屈したタイ金融当局がドル固定相場制を放棄した。これを機に韓国、インドネシアなどの周辺国へ危機が飛び火し、急激な資本流出と通貨暴落が起きた。

危機の要因は、良好な経済パフォーマンスによる海外資本流入を招いたが、海外投機資本の流入を防げなかった。そして、事実上のドルペッグ制を導入するアジア諸国が、1995年以降のドル高に伴ったアジア通貨の実効レートが割高になったため、多くの国では経常収支が赤字に転落していた。これは、投機資本がタイバーツへの売り攻勢につながり、それを機に、タイのドルペッグ制の放棄に伴った切り下げが急速に周辺諸国に広がり、東アジア通貨危機が発生したのである。

通貨危機以降、その再発防止という観点から、域内では国際的な金融協力体制に関してさまざまな議論が行われた。通貨に関する取り決めについては、2000年に締結された**チェンマイ・イニシアティブ**（CMI）がその代表格であった。ただし、CMIはそもそも通貨危機発生時、加盟国同士が通貨を供給し合うというセーフティネットとしての効果が期待されるが、危機発生防止や為替相場安定自体に寄与するものではない。東アジア域内の貿易・投資の促進、マクロ経済の安定、経済危機の防止といった観点から、将来的には域内に共通通貨の導入という議論も行われた。

(2) リーマン・ショック

2000年以降，アメリカにおける金融緩和や新興工業国からの資金流入などで過剰流動性が起きた。これらの過剰資金がアメリカの不動産市場を中心に運用され，**サブプライムローン**に代表される住宅バブルが発生する土壌となった。しかもサブプライムローンは複雑に組み込んだ証券が世界中で販売されていた。そうであるがゆえに，金融危機がいったん勃発すると，さらに危機度が増幅した。そして，危機が現実のものとなった。2008年9月大手証券会社・投資銀行であるリーマンブラザーズの破産申請により，国際金融市場の緊張は一気に高まり，ヨーロッパを中心に多くの国が金融機能不全に陥ってしまった。

これを「リーマン・ショック」というが，この危機を生み出した最大の要因は「信用収縮」である。「信用収縮」とは，巨額の損失を抱えた金融機関が，さらなる損失を恐れて企業などへの融資をためらっている状態を指す。銀行同士が資金を貸し借りする「短期金融市場」でさえも，互いの経営状態に疑心暗鬼を募らせる余り，資金の出し手がほとんどいなくなってしまった。その影響を受けて，株式市場では，株価の急速な下落に歯止めがかからない状態が続き，「1929年の大恐慌の再来」と叫ばれたほどの世界同時株安に発展していった。

金融危機は実体経済にも大きな影響を及ぼす。その背景には，一旦金融危機に陥ると，金融市場の不安心理が直ちに消失するわけにはいかないことがある。特にグローバル化の進展により，世界の金融市場がまるで1つ統合された市場になっていく今日では，リスクティク能力が著しく低下した金融機関は，与信に対する慎重姿勢を維持する。収益悪化や期待成長率の低下に直面した企業は，設備投資や新規雇用に慎重になり，資金需要も停滞が続く。また，雇用環境の悪化や資産価値下落による逆資産効果は個人消費の回復を阻む。その結果，世界経済が長期低迷に陥る可能性が生じる。

 為替相場変動のメカニズム

為替レートとは異なる通貨間の交換比率である。通常，新聞やニュース等で発表される円ドルレートは**名目為替レート**であるが，日米の物価水準の変動を調整したのは**実質為替レート**である。ただし，円ドルレートのほかに，円ユー

ロ，円ポンド，円元などの各国の通貨との交換レートがある。この場合，対象となる全ての通貨と日本円との間の2通貨間為替レートを，貿易額等で計った相対的な重要度でウエイト付けして集計・算出したのは名目実効為替レートである。また，日本円の対外競争力が日本や世界各国の物価動向によって変化するので，名目実効為替レートに物価変動要因を取り除いたのは実質実効為替レートである。

1　為替相場の変動要因

　為替相場はその時々の外国為替市場における需給関係によって決められる。通常，その変動要因の分析は，短期，中期，長期に分けて見ることが多い。
　短期的な変動は，市場の思惑や，為替投機，金利動向，為替リスクヘッジ，先物市場の動向など，さまざまな要因が複雑に絡んでいるので，正確に予測することは極めて難しい。そのため，急激な為替変動が起きた時，またある金融政策目的を達成するために，金融当局による外国為替市場への介入もしばしば行われる。
　中期的な決定要因は，その国の経済実力によって反映される。ある一定期間（通常1年）におけるその国の経済成長率，経常収支，貿易収支，外貨準備残高，海外直接投資の実績などの指標に連動する。これらの指標が良いパフォーマンスを示すなら，その国の通貨が評価され，価値が上昇する。反対に，通貨の価値が下落する。
　また，長期的な決定要因は，**購買力平価**（purchasing power parity）説がもっとも一般的に利用される。両国で売っているさまざまな商品をあるバスケットに入れて，それらを購入するのに必要な金額を比較すると，両国の物価水準を考慮した交換比率が計算される。この両国の購買力を一致させるための通貨の交換比率は購買力平価と呼ばれる。たとえば，円・ドルレートの購買力平価説による計算は，日・米のある時点の代表的な財・サービスを選び，下記の方程式に基づいて算出される。

$$均衡為替相場 = \frac{米国の貨幣の購買力}{日本の貨幣の購買力} = \frac{米国の物価水準}{日本の物価水準}$$

2　円高・円安と輸出・輸入

　円高とは，円通貨の対外的価値の上昇であり，反対に円安とは円価値の下落である。円高と円安の輸出，輸入への影響プロセス，及び景気との関係は，一般的に下記のように説明される。

　輸出のケース：
　　円安→外貨建て日本製品の輸出価格が低下→国際競争力上昇→輸出量増加→輸出企業の業績好転→貿易黒字拡大→好景気

　輸入のケース：
　　円高→海外の原材料・製品輸入増→日本の物価を押し下げる→消費者に円高利益

　このように，輸出拡大による経済成長を目指す場合，円安が望ましい半面，エネルギー，原材料などの海外輸入依存度が高い日本経済にとって，円安は輸入コストの上昇を意味し，それが企業の製品価格に転嫁された時，消費者の生活コストの上昇などの問題が発生する。したがって，日本経済にとっては，急激な円高や円安を避け，安定的な為替相場の推移が最も望ましい。

3　Jカーブ効果

　輸出による景気拡大を目指す日本経済にとっては，緩やかな円安のほうが相対的に景気にプラス効果とされるが，反対に円高は輸出企業の業績悪化の原因とみなされ，景気の停滞，不況が進行する可能性がある。
　ただし，85年9月の先進5カ国による「**プラザ合意**」以降，日本経済が急激な円高に見舞われ，本来なら大幅な貿易赤字に陥ると思われていたが，実際は一時的に黒字が拡大した。
　この現象に対して，Jカーブ効果と説明されている。つまり，為替レートの調整には時間がかかるので，急激な円高の場合，既契約分の輸出が実施され，貿易黒字が一時的に拡大する方向に動くが，一方，黒字の拡大はさらに円高を誘発し，1～2年の間に黒字が拡大しつづける現象が現れたのである。この現

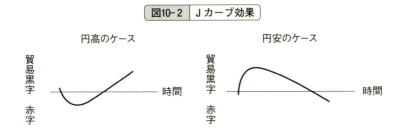

図10-2　Jカーブ効果

象をグラフで示すと，アルファベットのJに似ていることから，Jカーブ効果と名付けられた。

　また，円安によるJカーブ効果も考えられる。それは，円安が生じた当初の段階では，輸入価格が上昇し，貿易収支は赤字方向に動くが，ある程度時間が経過して，相対価格要因が作用し始めると，輸出数量が増え，輸出金額が増えてくるので，やがて貿易収支は黒字化に向かうからである。

　2012年末に始まった第2次安倍内閣では，デフレ経済を克服するために，大胆な金融緩和措置を講ずることによって，大幅な円安局面を作り出した。本来なら，時間の経過とともに，やがて貿易収支は黒字に転じ，円安のもとのJカーブ効果が期待されるが，現実の経済では，むしろ貿易赤字が増える結果となった。この現象に対して以下の説明がなされる。①日本の輸出企業は海外現地生産を拡大し続け，現地から最終需要国への輸出の拡大は国内からの輸出を代替し，円安になっても国内の輸出増につながる効果が少ない。②円安による輸入価格の上昇は輸入金額の増加をもたらしたことから，貿易黒字の拡大効果は期待通りに現れなかったのである。

4　外国為替市場における不胎化介入

　中央銀行が外国為替市場における外貨の売買を行う際，買いオペレーションは外貨を購入することによって，自国通貨を放出し，市場に通貨量を増やすことになる。反対に売りオペレーションは自国通貨量を減らす効果がある。ただし，このような自国通貨量の急激な増減は，景気過熱や景気収縮を招く心配が

ある。そこで，実体経済への影響を避け，自国通貨の増減を相殺するような金融調節を実施することによって，為替介入後も通貨流通量が変化しないようにするのは，外国為替市場における不胎化介入である。

たとえば，日本の金融当局が円高を阻止するために，外国為替市場でドル買い（買いオペレーション）の介入を行う。すると，国内金融市場にドルを買った分の円供給増になり，金融緩和と同じ効果が生まれる。しかし，いま国内金融市場では，金融引き締めの方向へ向かっているので，ドル買いによる金融緩和を回避する策として，介入額と同額の国債売り（売りオペレーション）を実施し，その分の円を吸収し，相殺することができる。

5 地域統合の時代

経済活動のグローバル化は貿易の拡大，資本の自由化を促進する反面，大規模な経済混乱や金融危機に巻き込まれやすい懸念がある。かつて世界経済をリードしてきた欧米が，90年代以降の「東アジアの奇跡」によって，その地位が奪われたかと思えば，急成長の反動で東アジアが一時通貨危機に陥り，成長の勢いが鈍化する事態に直面した。また，リーマン・ショックに端を発した金融危機はその影響がアメリカにとどまらず，先進国から発展途上国まで広がり，世界経済全体に暗い影を落とす結果となった。これらのリスクを回避する目的で，近年，リージョナルな経済関係の強化を目的とする地域統合の動きが活発化している。

1　地域統合とは

リージョナルな経済関係の強化を主要目的とする地域統合は，主として地理的に近い国々がグループを作って「自由経済圏」を設定することである。具体的には，加盟国が経済政策を協調させたり，関税等の貿易制限を撤廃したりして，貿易振興を図り，地域経済の発展を促進しようとするものである。その態様は欧州連合（EU）が目指す域内の完全自由化・域外通商政策の一元化から，北米自由貿易地域（NAFTA）のような域内の貿易自由化だけを目指すものま

表10-6 世界の主な地域統合

名称	種類（設立年）	加盟国	人口	GDP規模（2011年）
EU 欧州連合	経済・通貨同盟（1993年）	27	5.0億	17.6兆ドル
AFTA ASEAN自由貿易圏	自由貿易協定（1993年）	10	6.0億	2.1兆ドル
NAFTA 北米自由貿易協定	自由貿易協定（1994年）	3	4.6億	18.0兆ドル
MERCOSUR 南米南部共同市場	自由貿易協定（1995年）	6	2.9億	3.4兆ドル
AU アフリカ連合	EUをモデル（2002年）	54	10.7億	N/A
TPP 環太平洋戦略的経済連携協定	自由貿易協定（2015年大筋合意）	12	7.0億	※28.5兆ドル

出所：人口，名目GDPはWorld Bank, World Development Indicators databaseより。※TPPのGDPは2015年IMFデータより

でさまざまである。今日，世界貿易総額の半数以上はこれらの地域貿易協定国間で行われていると推計され，いまや地球上のどこの国・地域とも協定を結んでおらず，または地域協定に属さない国はむしろ少数派である。

経済的協力関係の強化は，近隣諸国間の協力関係を深め，地域の結びつきを高めることによって，地域の安全保障や政治的連帯を推進する効果も現れ，地域統合を一層促進させていく。

2 地域統合の3つの波

地域統合の歴史を遡ると，大きく3つの波があった。第一の波は，1950年代末から1960年代の欧州の地域統合であり，欧州経済共同体（EEC）が創設され，1968年には関税同盟が完成した。この時期の地域統合は，共産主義への対抗等の政治的必要性と，経済力の強化という経済的側面を有していた。

第二の波は，1980年代後半から1990年代後半である。この時期には欧州ではEUが誕生し，経済・通貨同盟を完成させ，ユーロという単一通貨の導入に実

現した。アジアでは1993年に ASEAN 自由貿易地域（AFTA）を設立した。米国が米加自由貿易協定に加え，1994年に北米自由貿易協定（NAFTA）を創設した。ヨーロッパ，アメリカ，アジアがそれぞれより経済的・政治的な結合の深化と，それによる域内産業の国際競争力の強化を目指す時期であった。

　第三の波と位置づけるのは，現在進行中の東アジア地域統合や環太平洋経済連携などである。1997年通貨危機を経験した東アジア諸国は，通貨危機の再発防止，今後の安定成長を目指すには，域内経済協力の強化が最重要課題であるという認識が一致した。そのため，地域統合の土台となる東アジア地域包括的経済連携（RCEP）の合意を目指して関係国間で協議を重ねてきた。また，RCEP協議参加国の一部と重なる形でアメリカ主導による環太平洋経済連携協定（TPP）は2010年以降急速に推進され，2015年10月に参加国において大筋合意に達した。今後，加盟各国内で批准後，世界最大経済規模を擁する地域統合が現実化となる。

3　地域統合の段階と経済効果

　地域統合は，その結合の度合いによって，概ね①自由貿易協定，②関税同盟，③共同市場，④経済・通貨同盟，⑤国家統合という五段階をたどる。

　自由貿易協定は，加盟国間で財・サービス貿易の関税，非関税障壁の除去を行うものである。加盟各国は非加盟国との間の貿易取引をどう扱うかは自由に決定でき，他の自由貿易協定に参加することを妨げない。

　関税同盟は，加盟国間での貿易障壁を除去するだけでなく，非加盟国からの輸入について共通関税率を課すなどの共通の政策を採用する。

　共同市場は，関税同盟以外に投資，サービスの自由化，及び労働市場の統合を図る。

　経済・通貨同盟は，共通市場に加えて，各種規制や経済政策の共通化，単一通貨の導入などを実施する。それによって，加盟国が共通の金融政策を取ることが求められ，統合の度合いが一層高まる。

　国家統合は，政治，経済の全般にわたる統合で，巨大な地域国家を形成する。

　地域統合は，域内国との貿易量の増加や投資交流の増大だけでなく，域内国

表10-7　地域統合の経済効果

貿易創出効果	加盟国間での関税などの貿易障壁の除去によって，新しい貿易が創出される
交易条件効果	貿易量の増大によって，加盟国に有利な交易条件が獲得できる
市場拡大効果	市場が拡大され，規模の経済や最適立地が実現される
競争促進効果	安価な産品の流入や外資系企業の参入などによって競争が促進され，経済効率の改善が期待される
技術移転効果	直接投資を通じた技術移転が途上国の産業構造の高度化に貢献する
投資流入効果	市場の拡大，共同で投資受け入れ制度の改善が図られるなどによって直接投資の流入が拡大する

の産業構造調整が円滑化されることにより，貿易の保護的な措置が廃止・縮小されていく効果がある。また，地域統合の形成は，域内の産業のあり方が再検討され，経済政策や対外通商政策の見直しが行われることにより，いわゆる既得権化した保護政策の継続に終止符がうたれる効果も期待できる。そのような状況が出現すれば，地域統合が世界の通商秩序に与える影響は，将来のより普遍的な自由貿易秩序の形成を促進するものになろう。

第11章 経済成長と景気循環

キーワード

- **経済成長**
  あくまで量的な拡大を意味し，産出量，資本ストック，消費や貯蓄などの増加によって示される経済の規模が拡大ないし縮小していくことである。

- **経済成長・発展の基本的要因**
  労働，資本，技術進歩の3つである。

- **ハロッド成長モデルの基本方程式**
  これは $GC=s$ で示され，それを $G=\dfrac{s}{C}$ に変形すると，経済成長率 G は貯蓄率 s を一定とすると限界資本係数 C が小さいほど，また C を一定とすると s が大きいほど高くなる。

- **適正成長率**
  資本の完全利用を保証する成長率のことであり，自然成長率とは資本の完全利用だけでなく，労働人口の増加や技術進歩を完全に吸収した場合の成長率のことである。

- **規模に関して収穫不変の生産関数**
  投入量を2倍，3倍にした場合，産出量も2倍，3倍になるような生産関数である。

- **内生的成長理論**
  人口増加や技術進歩を外生的要因ではなく，内生的要因として捉えて説明する理論である。

- **リアル・ビジネスサイクル理論**
  景気循環は市場の均衡に完全に合致するものであるとされ，技術進歩や財政政策の変化などの実質的ないし実物的要因によってそれは生ずるとする理論である。

経済成長・発展とその基本的要因

1　経済成長とは

　経済成長とは，通常人間の欲望を満足させる財・サービスの生産が持続的に拡大すること，
　言い換えれば一国国民経済の財・サービスの産出高が増えることをいう。このように，それは，経済活動が目的とするような財・サービスの産出量の増大でなければならないし，さらに言えば1人当たり実質所得の増加をもたらすものでなければならない。**経済成長**は，あくまで量的な拡大という意味で，産出量の増加，資本ストックの増加，さらには消費や貯蓄の増加などによって示される経済の規模が拡大，ないし縮小していくことである。この経済成長と類似した用語に**経済発展**という用語があるが，これは広義には長期的観点からみた経済の質的転換を含んだものとなるが，狭義には技術進歩や消費者の嗜好の変化などによる国民所得の増大として捉えられる。

2　経済成長・発展の基本的要因

　経済成長・発展において重要な役割を演ずるのは，基本的には需要側よりむしろ供給側である。一国国民経済の総生産能力ないし供給能力が，そこで重要な役割を演ずる。それでは，この国民経済の供給能力を決定する要因には，どのようなものがあるであろうか。それには，労働，資本，天然資源などの生産要素の量と質，またこれら生産要素を使って生産活動を行うのに際しての社会制度，政治組織，企業組織，教育示準，国民性，技術などの要因がある。このように，その要因には，**経済的要因**と経済外的要因がある。
　では，これら要因にうち，経済成長・発展に重要な**基本的要因**は，何であろうか。それは，労働，資本，**技術進歩**の3つである。まず，労働の増加は，経済成長の重要な要因である。この労働の増加は，単なる労働人口の増加だけで

なく，教育による労働者の能力の向上も考慮した労働量で評価される。つぎに，**資本**は，資本設備ないし資本ストックのことで，特にマクロ経済全体のそれは経済成長を引き起こす原動力ともなる重要な要因である。さらに，**技術進歩**は，成長理論で議論の多い要因であるが，経済成長の最も重要な要因である。いま，これらの基本的要因の経済成長に与える効果について，わが国の戦後の高度成長期（昭和30〜43年）におけるそれらの経済成長に対する貢献度でみると，最も大きかったのが技術進歩で約60％，ついで資本蓄積の27％，人口増加の13％となっている。これは，人口増加よりは資本蓄積が，資本蓄積よりは技術進歩がわが国の経済成長に貢献したことを物語っている。このような傾向は，程度の差こそあれ，先進諸国においてもみられる。

　ところで，総需要と総供給の不均衡は，所得の変動，すなわち景気の変動を生起させる。したがって，経済成長の基本的要因は，いままたように供給側の供給能力の発展にかかわってくるけれども，需要側の要因も重要な要因になるであろう。ケインズ派のハロッドやドーマーは，需給不均衡問題を基本に置き，つぎの2でみるような成長理論を展開している。さらに，新古典派のソローやミードは，長期において価格メカニズムが伸縮的に機能するから，貯蓄と投資は均衡に向かうと考え，成長理論を展開している。

2　ケインジアンの経済成長理論──ハロッドの成長理論

　まず，ケインジアンの代表的な経済成長理論には，ハロッドとドーマーの成長理論があるが，ここではハロッドの成長理論だけをみておこう。

1　ハロッド成長モデルの基本方程式

　ケインズ経済学の登場は，それまでの経済学とその後の経済学，特にマクロ経済学の発展に大きな影響を与えた。ケインズ経済学は，マクロ経済理論の各分野に影響を与えたが，経済成長理論もその例外ではない。**ハロッド成長モデル**では，すでに第3章で説明した貯蓄・投資の均衡による国民所得の決定理論が，つぎのような形で取り入れられている。

まず、ハロッド成長モデルの**基本方程式**は、つぎのようにして導かれている。いま、国民所得をY、貯蓄をS、投資をI、貯蓄率をs、資本ストックをKとすれば、まず貯蓄率sは、

$$s = \frac{S}{Y} \tag{1}$$

S＝Iとすれば、(1)式は、

$$s = \frac{I}{Y} \tag{2}$$

となる。この(2)式の右辺に$\frac{\Delta Y}{\Delta Y}$を乗じて変形すると、(2)式は、

$$s = \frac{\Delta Y}{Y} \cdot \frac{I}{\Delta Y} \tag{3}$$

となる。この式で、投資Iは資本ストックの増加分にほかならないから、I＝⊿Kとなる。したがって、(3)式は、

$$s = \frac{\Delta Y}{Y} \cdot \frac{\Delta K}{\Delta Y} \tag{4}$$

となる。この式で、国民所得に占める資本ストックの割合K／Yは資本係数であるから、$\frac{\Delta K}{\Delta Y}$は**限界資本係数**にほかならない。

そこでいま、$\frac{\Delta Y}{Y}$（経済成長率）をG、限界資本係数をCとすれば、(4)式はつぎのようになる。

$$s = GC \tag{5}$$

この式は、貯蓄と投資の均等を仮定する限り成立する式で、ハロッド成長モデルの基本方程式と呼ばれる。いま、この式をGについて変形すると、

$$G = \frac{s}{C} \tag{6}$$

となる。この式は、**経済成長率G**は、貯蓄率sと限界資本係数Cの大きさによって決定されることを意味する。もし、そうだとすれば、経済成長率は貯蓄率が一定であるとすると、限界資本係数が小さいほど、つまり国民所得の増加分に占める資本ストックの増加分の割合が小さいほど高くなり、また限界資本係数Cが一定であるとすると、貯蓄率sが大きいほどそれは高くなるといえる。

ところで，経済成長率と貯蓄率および限界資本係数の間に(5)式の基本方程式に示されるような関係があることは，マクロ経済学のすべて学派によって受け入れされたが，それらの3つの変数の動き方に関する仮定にかかわる問題をめぐって学派間で論争がみられた。

(2) 3つの成長率の概念

まず，ハロッド成長モデルの基本的な考え方は，投資の増加はその乗数倍だけの所得の増加をもたらすという**乗数理論**と所得の増加は新たな投資を誘発するという**加速度原理**の2つを結合したところにある。

ハロッドは，**現実成長率**，**適正成長率**，**自然成長率**という3つの成長率を使って，これら成長率間の相互関係から経済成長の不安定性を明らかにしようとした。これは，彼の**不安定性原理（アンチノミー理論）**として有名な理論である。そこで，ここでは3つの成長率の概念について概説しておこう。

(i) 現実成長率（G）

現実成長率は，実際に実現される国民所得の増加率のことである。ハロッドは，総需要と総供給の均衡条件は事前的な貯蓄と投資が均等することであるとする，ケインズの考え方から出発する。いま，貯蓄を S，国民所得を Y，限界貯蓄性向ないし貯蓄率を s とすれば，貯蓄は国民所得に限界貯蓄性向を乗じたものであるから，**貯蓄関数**は，

$$S = sY \tag{1}$$

となる。ここでは，簡単化のために貯蓄率 s は一定とされる。一方，投資は，国民所得の増加によって誘発されるから，国民所得の増加分に限界資本係数ないし加速度係数を乗じたものである。いま，投資を I，限界資本係数を C とすれば，**投資関数**は，

$$I = C \varDelta Y \tag{2}$$

となる。

ところで，貯蓄と投資が事前的に等しくなる（S = I）という条件は，(1)式と(2)式を等しくすることであるから，

$$sY = C\varDelta Y \tag{3}$$

となり，この式の両辺を Y で除し，変形すると，

$$\frac{\varDelta Y}{Y} = \frac{s}{C} \tag{4}$$

となる。ここで，$\frac{\varDelta Y}{Y}$ は G であるから，(4)は，

$$G = \frac{s}{C} \tag{5}$$

となる。これは，いま前項でみたハロッド成長モデルの基本方程式にほかならない。この式は，貯蓄率を一定とすると，限界資本係数が小さいほど，現実成長率は高くなることを意味する。

  (ii) 適正成長率（Gw）

 適正成長率とは，資本の完全利用を保証する成長率で，保証成長率とも呼ばれる。この成長率は，簡単にいえば企業が生産したものはすべて売れている場合の成長率のことであるから，企業はこのような成長率が達成されると，その成長率から離れようとしないであろう。この場合には，資本が完全に利用され尽されることが保証されているのである。

 いま，適正成長率を Gw，**必要限界資本係数**を Cr とすれば，資本の完全利用を保証する成長方程式は，

$$GwCr = s \tag{5}$$

と示される。ここで，必要限界資本係数 Cr は，この適正成長率の下で国民所得ないし産出量を 1 単位増加させるために必要とされる資本ストックの増加分を意味し，現実の資本ストックの増加分を単に現実の国民所得ないし産出量の増加分で除した（割った），いわゆる現実資本係数とは区別される。この(5)式を Gw について変形すると，

$$Gw = \frac{s}{Cr} \tag{6}$$

となり，これは適正成長率は必要限界資本係数と貯蓄率の比率に等しいことを示している。いま，このような成長率が現実に維持されれば，それは企業に

とって利潤追求の観点からすると最高の成長率となる。なお，経済がこの成長率で成長していくためには，常に貯蓄と投資が均等しているという条件が満たされていなければならない。

　(iii)　自然成長率（Gn）

　自然成長率は，資本が完全に利用されているばかりでなく，労働人口の増加，技術進歩など完全に吸収されている場合の成長率である。この成長率は，**完全雇用成長率**とも呼ばれ，ケインズのいういわゆる**非自発的失業**は存在しない。さらにいえば，この自然成長率は，資本の増加率を除いて供給面で技術的に可能となる成長率を示しているのである。いま，有効需要の増大を無視すると，この成長率の下では経済は「**セイの法則**」が妥当する世界となるが，その場合には労働人口の増加率が高いほど，また技術進歩率が高いほど，経済成長率は高くなるであろう。したがって，労働人口の増加率を n，技術進歩率を λ とすれば，自然成長率 Gn は，

$$Gn = n + \lambda \tag{7}$$

と定義される。

　以上，ハロッドの3つの成長率の概念について説明したが，現実成長率が適正成長率に一致するとは限らないし，また適正成長率が自然成長率と一致するともいえない。そこで，つぎに現実成長率 G が適正成長率 Gw から乖離した場合，さらには適正成長率が自然成長率から乖離した場合，どのような現象が国民経済にみられるのかをみてみよう。これは，現実成長率と適正成長率の関係，適正成長率と自然成長率の関係から，**経済成長の不安定性**を明らかにすることにほかならない。

3　ハロッド成長モデルの不安定性

(1)　現実成長率と適正成長率の関係

　ハロッドは，現実成長率と適正成長率の関係，適正成長率と自然成長率の関係から経済成長の不安定性を説明しようとするのである。

　さて，現実成長率 G が適正成長率 Gw から乖離した場合，どのような現象

が国民経済にみられるであろうか。まず，GとGwの関係においては，貯蓄率sはともに一定と仮定される。したがって，

$$GC = GwCr$$

となり，つぎのような3つのケースが考えられる。

ケース1　G＞Gw　ならば，C＜Cr
ケース2　G＜Gw　ならば，C＞Cr
ケース3　G＝Gw　ならば，C＝Cr

まず，ケース1の場合，どのような現象が国民経済にみられるのであろうか。GがGwより大であるから，現実の生産が適正成長率より大ということになる。この場合，**現実の限界資本係数C**が**必要限界資本係数Cr**より小さくなり，実際には在庫や設備の不足といった資本不足の現象がみられる。したがって，企業はそのような不足を満たすために投資を増加させ，生産を拡大しようとする。言い換えれば，C＜Crということは，必要される投資に比べて現実の投資が少ないことを意味するから，企業はGとGwの乖離を縮小するために投資を以前より一層拡大し生産活動の活発化を図ろうとする。その結果，経済は拡大傾向をとり，現実成長率Gは一層高くなり，適正成長率との乖離はますます大きくなる。こうして，経済は均衡成長から離れていき，不安定となる。

つぎに，ケース2の場合には，どのような現象が国民経済にみられるであろうか。GがGwより小であるから，現実の生産が適正成長率より小さいことになる。この場合，CがCrより大きくなり，現実には設備の過剰や在庫の増大などといった資本過剰という現象がみられる。したがって，企業はそのような過剰を解消するために投資を削減し，生産を縮小しようとする。言い換えれば，C＞Crということは，必要とされる投資以上に現実のそれがなされていることを意味するから，企業は次期において投資を減少させようとする。その結果，経済は縮小傾向をみせはじめ，その傾向は以後一層強まっていく。それゆえ，現実成長率は一層低下するから，GとGwの乖離はますます大きくなり，経済は不安定となる。

最後に，ケース3の場合には，GとGwが等しいから，CとCrも等しくな

る。したがって，この場合には資本は完全に利用され，経済は均衡して成長する。このような均衡が実現できるのは，C＝Cr が成立するときのみであり，必然的に成立するとはいえない。これは，例えて言えば経済が G＝Gw，あるいは C＝Cr になる「**ナイフの刃**」の上で綱渡りするようなもので，きわめて不安定なものである。

(2) 適正成長率と自然成長率の関係

適正成長率 Gw と自然成長率 Gn の関係から，**経済成長の不安定性**をみてみよう。まず，適正成長率が自然成長率から乖離した場合，どのような現象が国民経済にみられるであろうか。ここでは，C＝Cr＝一定ということが仮定されるが，理論上この仮定がポイントであり，特徴となっている。さて，Gw と Gn の間には，つぎのような3つのケースが考えられる。

ケース1　　Gw＞Gn
ケース2　　Gw＜Gn
ケース3　　Gw＝Gn

この Gw と Gn の関係においては，労働人口の増加と技術進歩が考慮されるから，長期の成長分析をすることになる。したがって，それらを考慮しないこれまでの議論は，短期の成長分析ということになる。

まず，ケース1の場合（Gn＞Gw），現実の経済を Gw 以上に成長させるのに十分な労働人口の増加と技術進歩が存在することを意味するから，相当の期間にわたって現実成長率が適正成長率を上回ることがあり得るのである。すでに前項のケース1みたように，この場合には経済は活況を呈し，現実成長率は一層上昇する。しかし，それは自然成長率という天井に突き当たり，インフレーションの傾向がみられはじめるようになる。インフレーションは，人々の貯蓄意欲を減退されるから，貯蓄率は低下する。ところで，すでに前項でみたように Gw＝$\frac{s}{Cr}$ で，Cr は一定と仮定されているから，貯蓄率が低下すれば，Gw は小さくなる。それゆえ，Gn と Gw の乖離は一層拡大し，経済は不安定となる。このようにして，経済成長の不安定が説明される。ただし，この場合もし貯蓄率が上昇すれば，状況は変わってくる。貯蓄率が上昇すると，インフ

レ傾向が抑制され，Gwが上昇するから，そのGnとの乖離は縮小し，経済は安定した成長に近づいていく。それゆえ，この時期には消費は悪徳とされ，古典派において教義とされたように貯蓄が美徳とされている。

つぎに，ケース2の場合（Gn＜Gw），現実の成長率は労働人口の増加，技術進歩を完全に吸収した自然成長率を超えることはできないから，つまりGnが天井を画することになるから，相当長期にわたって現実成長率は適正成長率を下回ることになる。この場合には，経済は不況傾向が強く，慢性的停滞状態を続けることになる。この時期においては，物価は下落し，人々の貯蓄意欲は高まる。それゆえ，貯蓄率は上昇するから，ケース1の場合とは逆にGwは一層大きくなり，そのGnとの乖離はますます拡大する。その結果，経済成長は不安定となるとされる。いまみたように，もし貯蓄が高まれば，不況は一層深刻化するから，この時期においてはケース1の場合とは逆に貯蓄は悪徳とされ，消費が美徳とされる。

最後に，ケース3の場合（Gn＝Gw），経済成長は長期的に安定したものとなる。英国の女性経済学者の**J. ロビンソン**は，この時期を**黄金時代**（golden age）と呼んでいる。

以上，ハロッドの成長モデルについて概説したが，最後にハロッド成長モデルの特徴をまとめておこう。まず，ハロッドは，3つの成長率間の関係から経済成長の不安定性を明らかにしようとしたが，その理論は貯蓄率sか必要限界資本係数かいずれかを一定と仮定して組み立てられていることである。(i)でみたGとGwの関係でいえば，もし貯蓄率sが変化すれば，Gwが変化し，経済成長は安定化しうるのである。また，(ii)でみたGnとGwの関係においても，Crが変化すれば，GnとGwが一致する可能性も生じ，均衡成長の可能性も出てくるのである。つぎに，(ii)のGnとGwの関係ではCrを一定として理論展開されているが，それは労働と機械とは代替関係にないこと，賃金率と利子率は相対的に一定であること，さらには価格メカニズムの働きが作用しないことなどを意味することである。さらに，生産係数に関して3で取りあげる**新古典派の成長モデル**では**伸縮的生産係数**の場合を扱っているが，ハロッドの成長モデルでは**固定的生産係数**の場合を扱っていることである。

3 新古典派の経済成長理論

1 新古典派の特徴とモデルの前提

新古典派を代表する R.M. **ソロー**（Solow），J.E. **ミード**（Meade），**トービン**，スワンらによって唱えられた**新古典派の経済成長理論**についてみておこう。ケインジアンのハロッドやドーマーは，いまみたように経済成長の不安定性を明らかにしようとしたが，新古典派はケインジアンの認めなかった資本と労働の代替性を積極的に認め，**安定均衡成長理論**を展開した。

さて，新古典派の成長モデルでは，つぎの3つのことが仮定される。

① 生産関数はマクロ生産関数で，それは**一次同次**であること。いま，実質国民所得を Y，資本を K，労働を L とし，この労働と資本以外に生産を制約する制約する生産要素がないとすれば，**生産関数**は，

$$Y = F(K, L)$$

となる。ここで，生産関数 F は，資本 K と労働 L について一次同次であるとされる。これは，**規模に関して収穫不変**（constant returns to scale）の生産関数を意味する。わかり易く言えば，資本と労働の投入量（input）を2倍，3倍にした場合，産出量（output）の実質国民所得 Y も2倍，3倍になるような場合の生産関数である。この生産関数 F は，**コブ＝ダグラス型の生産関数**で示すと，つぎのようになる。すなわち，

$$Y = K^{\alpha} L^{1-\alpha}$$

となる。ここで，α は $0 < \alpha < 1$ の正の定数である。なお，ソローの成長モデルでは，規模に関して収穫不変の生産関数が仮定されるが，新しい経済成長理論の**内生的成長理論**では規模に関して収穫逓増のそれが導入される。それは，投入量を2倍，3倍にした場合，産出量がそれ以上になる場

合の生産関数であることを意味する。
② **生産要素の代替の弾力性** e は 1 であること（e = 1）。生産要素の代替の弾力性とは，いま生産要素が資本と労働の場合でいえば，資本と労働の相対価格の変化に対してその相対的使用量がどの程度敏感に反応するのかを示したものである。e = 1 ということは，資本と労働の場合で言えば，資本と労働の相対的な所得の分け前が一定であることを意味する。
③ 技術進歩はないものと仮定される。これは，技術進歩率をゼロとすることであり，きわめて非現実的な仮定となっている。

2　新古典派の成長モデル

　新古典派の成長モデルは，上記の 3 つのことを仮定して展開される。まず，成長率を y，資本ストックの増加率（資本蓄積率）$\Delta K / K$ を k，労働人口の増加率 $\frac{\Delta L}{L}$ を l とすると，これら 3 つの間には(1)式のような関係があるとされる。

$$y = \alpha k + (1 - \alpha) l \tag{1}$$

ここで，α は資本の相対的な所得の分け前，すなわち利潤分配率である。したがって，$1 - \alpha$ は**労働の相対的な所得の分け前**，すなわち**労働分配率**である。いま，労働人口の増加率を一定とし，それを n とすれば，(1)式はつぎのようになる。

$$y = \alpha k + (1 - \alpha) n \tag{2}$$

　ところで，資本ストックの増加 ΔK は，所得の一定割合 s（貯蓄率）で規定される貯蓄に等しいから，

$$\Delta K = sY \tag{3}$$

となる。いま，この(3)式の両辺を K で割ると，(3)式は，

$$\frac{\Delta K}{K} = \frac{sY}{K} \tag{4}$$

となり、**資本ストックの増加率**を求めることができる。さらに、貯蓄率sを一定と仮定し、この(4)式の右辺の分母と分子をYで割ると、資本ストックの増加率はつぎのようになる。

$$\frac{\Delta K}{K} = \frac{s}{\frac{K}{Y}} \tag{5}$$

ここで、K／Yは資本係数であるが、これが先のハロッドのいう**必要限界資本係数** Cr に等しいとすれば、この(5)式はハロッドの適正成長率である $Gw = \frac{s}{Cr}$ になるから、k＝Gw、すなわち資本ストックの増加率＝適正成長率となる。また、労働人口の増加率 l は一定の n とされ、技術進歩率はゼロと仮定されているから、労働人口の増加率 l は、ハロッドの自然成長率を Gn とすると、

$$l = n = Gn \tag{6}$$

となる。それゆえ、最初の(1)はハロッドの成長率概念で示すと、成長率 G は、

$$G = \alpha Gw + (1 - \alpha) Gn \tag{7}$$

となる。

ところで、均衡は、成長率 y と資本ストックの増加率 k が等しくなる（y ＝ k）ところで成立する。したがって、均衡成長率は**図11-1**では均衡点 E に対応して y^E に決定される。

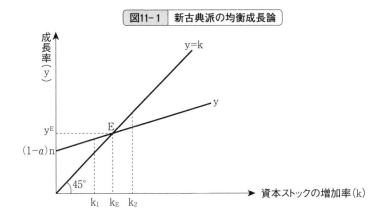

図11-1　新古典派の均衡成長論

新しい経済成長理論と内生的経済成長理論

　経済成長理論は，日本経済が高度成長を続けていた1960年代に隆盛をみたが，1970年代にはそれに関する目立った展開はみられなくなった。しかし，1980年代後半以降各国間に経済成長率に格差がみられるようになると，経済成長理論に再び関心が持たれるようになった。「**内生的経済成長理論**」と呼ばれる，新しい経済成長理論が登場するのも，この頃であった。新古典派の成長理論にみられるように，それまでの成長理論では人口増加や技術進歩は**外生的要因**とされていたが，この新しい成長理論ではそれらを**内生的要因**として捉えて理論展開される。特に，新しい成長理論の最大の特徴は，技術進歩を経済活動の成果として取り込んでいることである。さらに言えば，長期的な経済成長率は，それまでの成長理論では外生的に決定されるとしていたが，新しい成長理論ではそれは内生的に決定されるとする。

　新しい内生的成長理論には，内生的成長の源泉を収穫逓増に求める**ローマー**（R.M.Romer）の**成長モデル**，それを**実行による効果**（learning by doing）に求めるアロー（K.J.Arrow）モデル，さらには人的資本の役割に求めるルーカスモデルなどがある。

　いま3でみたように，新古典派の成長モデルでは，資本ストック，つまり資本蓄積による成長を説明できなかったが，**内生的成長理論**と呼ばれる新しい成長理論ではそれを成長モデルに取り込んで理論を展開しているのである。ここでは，まず内生的成長モデルで代表的なAKモデルを紹介しよう。この**AKモデル**のAは，資本の生産効率を示す資本ストックの生産性で，正の定数であり，Kは資本ストックで，物的資本だけでなく，人的資本や技術，さらには社会的なインフラストラクチャーも含まれる。Yは総生産量ないしGDPである。このAKモデルでは，総生産量は資本ストックの量に比例するとする。その関係を示したのが，生産関数，$Y=AK$である。この式は，総生産量は資本ストックの生産性Aに資本ストックの量Kを掛けたものになることを示している。

　まず，いまみたようにAKモデルの生産関数は，

$$Y = AK \tag{1}$$

とされる。この式の両辺を労働人口（N）で除して，$\dfrac{Y}{N}$の1人当たり生産量ないし国民所得をy，$\dfrac{K}{N}$の1人当たり資本ストックをkとすれば，(1)式はつぎのようになる。

$$y = Ak \tag{2}$$

ここで，新古典派のモデルにみられるように，資本ストックの増加（$\varDelta K$）は次のようになる。

$$\varDelta K = sY - dK \tag{3}$$

この式は，資本ストックの増加は，投資に等しく，投資は貯蓄 sY（s は貯蓄率）に等しくなるが，その貯蓄（投資）から資本の減耗である減価償却 dK（d は減価償却率）を差し引いた額になることを示している。この式は，資本蓄積の方程式とも呼ばれる。

つぎに，1人当たり資本ストックの増加率（成長率）は，

$$\dfrac{\varDelta K}{K} = \dfrac{\varDelta K}{K} - \dfrac{\varDelta N}{N} \tag{4}$$

となるから，この式に(3)を代入し，$\varDelta N/N = n$とすれば，(4)式は

$$\dfrac{\varDelta K}{K} = \dfrac{sY - dK}{K} - n$$

となる。この式の右辺の第1項を整理し，計算すると(5)式を導くことができる。

$$\dfrac{\varDelta K}{K} = \dfrac{sY}{K} - d - n = \dfrac{sY}{K} - (d+n) \tag{5}$$

ここで，(1)の生産関数 $Y = AK$ より，$A = Y/K$ となるから，これを(5)に代入すると1人当たり資本ストックの増加率を求めることができる。すなわち，

$$\dfrac{\varDelta K}{K} = sA - (d+n) \tag{6}$$

となる。

また，(1)の生産関数と(3)式の資本蓄積の方程式を使って，1人当たり生産量

の増加率を求めると，

$$\frac{\Delta y}{y} = sA - (d+n) \tag{7}$$

となる。したがって，1人当たり生産量の成長率と1人当たり資本の成長率は等しくなるから，(6)式，(7)式より，

$$\frac{\Delta y}{y} = \frac{\Delta K}{K} = sA - (d+n) \tag{8}$$

を導くことができる。この(8)式は，AKモデルの結論を示している。この式から，1人当たり生産量の成長率ないし1人当たり資本の成長率は，A，つまり資本ストックの生産性ないし生産効率が高いほど，またs，つまり貯蓄率ないし投資率が高いほど，高くなることがわかる。さらに言えば，このような資本ストックの生産性Aや貯蓄率（投資率）sといった**内生的要因**が高いか低いかによって，成長率は異なってくることがわかる。また，AKモデルの特徴的な結論は，もしこの(8)式の右辺のsAがd+nより大（sA＞d+n）であれば，経済は持続的に成長するということである。これは，Aやsはいまも述べたように成長率に影響を与えるから，もしそれらを政策的に変えることができれば，持続的な経済成長を可能にすることを意味する。

このAKモデルに代表される内生的成長理論では，貯蓄率sや資本ストックの生産性といった経済成長の要因が外生的に決まるのではなく，それらは内生的に決まるとするのである。

5 景気循環の理論

1 景気循環と種類

ケインズ以前の景気循環の理論のうち最後に，景気循環と種類について少し説明しておこう。市場機構を基礎とする資本主義経済においては，たとえ経済政策技術が進歩し，経済組織が高度に発達したとしても，景気循環は避けられない。よく景気がよくなったとか，悪くなったとかいわれるが，それを捉える

指標にはどのようなものがあるだろうか。それには，GDP, 鉱工業生産，企業の倒産件数，完全失業者数といった実物的指標と，利子率，株価といった価格的指標がある。

つぎに，**景気循環**は，その周期の長さの違いによって基本的には**長期波動**，**中期波動**，**短期波動**の3つの種類に分けられる。まず，**長期波動**は，50～60年を周期とする景気循環で，それはその発見者の名をとって「コンドラチェフの波」とも呼ばれる。コンドラチェフは，イギリス，アメリカ，ドイツ，イタリアの経済についての諸指標，特に物価水準の動きのなかに，約半世紀を周期とする景気循環があることを発見したのである。彼の描いた波動は，3つ目の波が1919年頂点に達し，それが下向きになった頃までであったが，その波動をさらに延長したのが私の大学院の指導教授・赤松要先生と，先生亡きあと引き継いだ今は亡き2年先輩の毛馬内勇士教授である。5つ目の波の始まりが何年かは明確ではないが，現在5つ目の波の上昇期にあると考えられる。**図11-2**は，それを単純化して図示したものである。1787年以降，これまで4つの波を経験し，現在5つ目の波の途上にあるとされる。では，なぜそのような景気循環が起こるのであろうか。その原因は，**イノベーション（技術革新）**にあるとされる。1787年からの最初の波を引き上げる原動力になったのが**イギリスの産業革命**である。1845年からの2つ目の波の原動力になった技術革新は，重工業を中心とする産業革命であった。つまり，鉄鋼業と鉄道の発展である。1896年

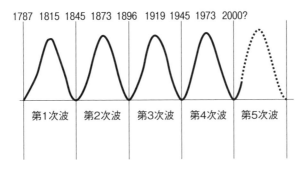

図11-2　長期波動

からの3つ目の波のそれは，化学工業，自動車工業，電力工業の急速な発展，1945年からの4つ目の波のそれは，合成化学工業，エレクトロニックス，原子力産業の発展であるとされる。現在進んでいる5つ目の波の技術革新は，情報革命で，イギリスの産業革命以来の革命ともいわれている。つぎに，**中期波動**は，6～10年を周期とする景気循環で，発見者の名をとって**ジュグラーの波**とも呼ばれるが，その原因は企業の設備投資とされる。さらに，**短期波動**は，40か月を周期とする景気循環で，発見者の名をとって**キチンの波**とも呼ばれ，その原因は在庫投資とされる。このほか，17～20年を周期とする建築循環もある。

2　ケインズ以前の理論

ケインズ以前の景気循環の理論のうち，過剰投資説と過少消費説は，ともに財に対する需給の不均衡を景気循環の原因とする理論であるが，それに対して貨幣に対する需給の不均衡をその原因とする理論がある。これは，貨幣的景気循環理論と呼ばれる。ここでは，過剰投資説，過少消費説と，この貨幣的景気循環理論の3つの理論について概説しておこう。

(1)　過剰投資説

これは，過剰投資という敬座的要因が景気循環の原因であるとする理論で，大別するとシュピートホフやツガンバラノフスキーらの唱えた**実物的過剰投資説**と，ハイエクやミーゼスらの**貨幣的過剰投資説**の2種類がある。しかし，両者はいずれも，基本的にはつぎのように説明できよう。いま，景気上昇が続いて投資財生産部門が消費財生産部門に比べて相対的に大きくなり過ぎると，消費財生産は相対的に減少し消費財の価格は上昇する。しかし，その消費財生産もやがて回復に向かうようになるかもしれない。そのような状況になった場合，両部門において労働や資本に対する需要が増え，それら生産要素サービスの価格である賃金や利子が急激に上昇するようになる。こうして，結局において両部門とも生産を継続したり，拡大することができなくなって，景気は下降し，恐慌さえ発生させかねないとする。

重複を恐れず，この過剰投資説についてもう少し簡単に説明しておこう。こ

の説は，消費対する生産や投資の動きを重視した理論である。投資が活発化すると景気は上昇し，人々の所得は増加し，有効需要も拡大する。そこでさらに投資は増大するが，それが繰り返されるとついには投資が行き過ぎとなり，そこに何らかの原材料の不足，労働力の不足などが発生し，物価騰貴の現象がみられるようになる。こうして，生産の継続，拡張を妨げる何らかのボトルネックが発生し，そのために景気は下降に転ずるのである。

(2) 過少消費説

これは，供給に対する消費需要の動きに着目し，過少消費を景気循環の原因とする理論である。**マルサス**（T.R.Malthus）は，この説の代表的な存在であるが，そのほかにローザ・ルクセンブルグやシスモンディらもこの説を唱えている。この**過少消費説**によれば，消費財を生産する能力（消費財生産能力）に比べてその購買力が過少であるために，必然的に不況が発生するとされる。さらに言えば，資本主義経済の発展につれて，消費財生産能力はその購買力より急速に高まる傾向があり，一般的には有効需要が不足していく傾向がある。そのために，過少消費という現象がみられるようになり，それが不況を発生させる原因となるとされる。

ところで，**カール・マルクス**（K.Marx）は，この過少消費を恐慌の1つの原因としていたが，現実にはむしろこの過少消費の傾向を打ち消す動きがみられる。たとえば，失業対策や所得再分配政策などの出現による消費財購買力の増大，第二次大戦後特に目立つ労働組合の力の増大による貨幣賃金の引き上げなどがそれである。このことを考慮すると，過少消費が必然的に恐慌を発生させるという仮説は必ずしも妥当しないであろう。

(3) 貨幣的景気循環理論

貨幣的景気循環理論の代表的な存在は，**ホートレー**（R.G.Hawtrey）であるが，彼の考え方は金本位制度の下においては信用創造に限界があるという点に依拠している。この点は，彼の理論の特徴でもあり，限界ともなっている。この理論によれば，景気循環はつぎのようにして生ずるとされる。いま，金利が低い場合には，企業家の銀行からの借入金は増大し，信用創造は膨張し生産は拡大

する。こうして景気は上昇するが，金本位制度の下では発券量が一定に決められているから，銀行は無限に企業家に信用を供与し続けることはできない。好況が続くと，銀行の支払準備金の現金準備金が枯渇して，金利が上昇すると，信用創造が収縮してしまうのである。こうして，生産量と需要量がともに減少し，景気は後退し始め，そしてそれが次第に沈滞していくと，金利が引き下げられることになる。

3 ケインズ以後の理論

　ケインズ以降の景気循環理論は，**乗数理論**か，それと**加速度原理**との結合を図った，いわば自己完結的な体系にもとづいた理論であり，貨幣的要因よりは実物的要因を重視した理論である。それは，大別するとハロッドの**不安定性原理（アンチノミー理論）**，ヒックスの景気循環モデル，カルドアの景気循環モデルの3つの理論と，つぎの(3)で説明するリアル・ビジネスサイクル理論と呼ばれる新しい景気循環の理論に分けられるが，ここではその要点だけを説明しておこう。

　(1)　ハロッドの不安定性原理（アンチノミー理論）
　ハロッドは，乗数理論と加速度原理とを結合することによって，経済成長と景気循環の関係を捉えようとした。彼の**不安定性原理**によれば，つぎのようにして経済変動が生ずるとされる。経済成長が円滑に行われるためには，貯蓄の供給に見合う貯蓄の需要が起こらなければならない。しかし，貯蓄の供給は基本的には実質国民所得の水準に依存するのに対して，貯蓄の需要は国民所得の増加率，つまり経済成長率によって導かれるから，両者は必ずしも一致しない。要するに，国民所得が現実にもたらした貯蓄量と国民所得の増加速度に見合う必要資本量とが一致いないから，経済変動が起こるとされる。

　(2)　ヒックスの景気循環モデル
　ヒックスは，いまもみた乗数理論と加速度原理の結合によって，経済成長と景気循環の関係を捉えるというハロッドの考え方をサミュエルソンのモデルに

導入することによって，**制約的景気循環**の理論を説いた。この理論では，加速度原理にもとづいて投資関数を定式化し，それを通じて景気の累積的上昇運動と下降運動を説明するが，その運動は完全雇用水準と独立投資によってその上限と下限が制約されるとする。それゆえ，経済循環は，その上限と下限の間で繰り返されることになる。

(3) カルドアの景気循環モデル

ニコラス・カルドア（N.Kaldor）は，カレッキーの景気循環モデルを若干修正し，利潤原理にもとづいて投資関数を定式化することによって，自生的な景気循環理論を説いた。それによれば，利潤は産出高の水準に依存するが，その産出高が投資を決定するという投資決定理論と投資が産出高を決定するという乗数理論を結合したモデルを使って，景気循環が説明される。

これらの3つの景気循環の理論は，つぎのような点で相違がみられる。(a) 経済成長と景気循環との関係でいずれを主とするか，(b) 景気の反転は外生的要因と内生的要因のいずれによって生ずるとみるか，(c) 経済を基本的に安定的なものとみるか，それとも不安定なものとみるか。これらの3点は，景気循環の理論におけるきわめて重要な相違点である。

4　新しい景気循環理論—実質的景気循環理論

新しいマクロ経済学におけるもう1つの新しい理論は，景気循環の理論にみられる。それは，ケインズ派理論を批判したもので，**リアル・ビジネスサイクル理論**（Real business・cycle theory）と呼ばれるが，日本語では実質的ないし**実物的景気循環理論**である。ケインズ以降の景気循環理論では，景気循環は市場に不均衡が存在するから生ずるとされ，両者は同一視されていた。しかし，リアル・ビジネスサイクル理論では，景気循環は市場の均衡に完全に合致するものであるとされ，技術進歩や財政政策の変化など実質的ないし実物的要因によって景気循環が生ずるとされる。さらには，景気循環の各局面において市場は常に均衡しているとされる。このように，この理論は，景気循環の要因を，マネーサプライや物価などといった名目的要因ではなく，いまもあげた技術進

歩など実質的要因に求める新しい古典派の景気循環の理論である。このような景気循環の理論は，新しい成長理論の確立にも貢献したルーカスによって，ジョン・ミュースの考えをベースにして最初に定式化された。

まず，このリアル・ビジネスサイクル理論では，つぎの2つのことが仮定されている。その1つは，合理的期待を形成する**代表的個人**が存在すること，さらに言えばこれは異時点間の行動を最適化する1人の代表的個人が存在するということである。そのような個人の行動は，構成員すべて，さらには経済全体を代表しているとされる。もう1つは，合理的期待から導かれる**貨幣の中立性**ということである。この貨幣の中立性とは，貨幣量の変化は物価には影響を与えるが，実質経済成長率には影響を与えないということであるが，それがモデルでは暗に仮定されている。

このような仮定の下に，景気循環のモデルは展開されるが，いまもし個人の生産性が低下すれば，実質所得も低下する。しかし，個人の最適化行動の結果，そのような個人の生産性の低下は解消し，実質所得が上昇することが合理的に期待される場合には，個人は次期まで働かないであろう。そうすると，経済全体では自発的失業や経済活動の低下などがみられるようになり，GDPは低下し，景気は悪化するであろう。

第12章

所得仮説

```
┌─────────── キーワード ───────────┐
```

- **絶対所得仮説（Absolute Income Hypothesis）**
  現在実際に受領する所得が所得の大きさ，あるいは実際に支出することが可能な金額，可処分所得を示している。
- **ライフサイクル仮説（Life Cycle Hypothesis）**
  実際に受領する所得というより，生涯にわたって得られるであろう所得の総額（生涯所得）の一部分を現在の所得する考え方である。
- **恒常所得仮説（Permanent Income Hypothesis）**
  実際に得ている所得を恒常所得（Permanent Income）と変動所得（Transitory Income）に分け，このうち恒常所得を所得とする考え方であり，将来も稼得できると予測できる平均的所得を所得とする考え方である。
- **相対所得仮説（Relative Income Hypothesis）**
  過去の所得が現在の所得水準に影響を与えるという時間的相対所得仮説（ラチェット効果，歯止め効果）と周りの人々の所得が現在の所得水準に影響を与えるという空間的相対所得仮説（デモンストレーション効果）に分けられる。
- **流動資産仮説（Liquid Asset Hypothesis）**
  ケインズの絶対所得に流動資産を加えたものを所得とする考え方である。
- **ヴェブレン（衒示的）効果（Veblen effect）**
  人々の消費は，それぞれの社会的地位を象徴するためのものであるということである。
- **依存効果（Dependent effect）**
  消費者の消費行動が企業の広告・宣伝に依存して決定するということである。

所得仮説とは，第4章で示した消費関数のなかの所得は何を示しているかということである。所得の概念が変わることにより，消費の大きさは変化することになる。つまり，所得概念が変化することにより，分析対象が短期になったり，長期になったり，あるいはこの両者を整合的に分析できるようになるということである。

　この章では，所得仮説として，絶対所得仮説，ライフサイクル（生涯所得）仮説，恒常所得仮説，相対所得仮説，流動資産仮説を取り上げ，さらに，消費に直接影響を与えるヴェブレン効果，依存効果について言及する。

1 絶対所得仮説

　第4章消費関数では，ケインズ型消費関数として，次のような式が提出されている。

$$C = c_0 + cY \tag{1}$$

　ここで示されている Y が絶対所得と呼ばれている。**絶対所得仮説**（Absolute Income Hypothesis）は，**現在実際に受領する所得**が所得の大きさとして示されている。あるいは実際に支出することが可能な金額，可処分所得，を示している。したがって，この所得には過去の所得の影響や将来の所得の影響を受けないものになっている。

　ケインズ型消費関数では，絶対所得仮説から所得が決まるが，これを長期的見地から，すなわち平均消費性向で見るならば，式(1)は次のように示される。ケインズ型消費関数はクロス・セクションデータから導出される。

$$\frac{C}{Y} = c + \frac{c_0}{Y}$$

　この式は，所得 Y が増加するならば，平均消費性向は以前より減少するということを表している。これは，所得が増加にかかわらず消費はほぼ一定というこれまでのタイム・シリーズ（時系列）データから得られる結果と異なっているため，ケインズ型消費関数（絶対所得仮説）はその適応範囲が狭いということができよう。

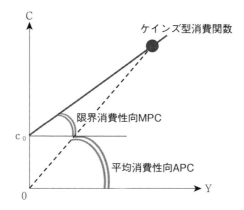

これを図に表わせば，**図12-1**のように示される。

ケインズ型消費関数は，傾きc（限界消費性向）で，切片c_0の右上がりの直線として示されている。この直線上では消費の割合は常に一定である。これに対して，平均消費性向はケインズ型消費関数の各点と原点を結んだ傾きとして示され，所得の増加とともに低くなることがわかる。

すなわち，ケインズの想定している理論が短期の現象の分析に主眼が置かれていることを示している。

2 ライフサイクル仮説

F.モジリアーニ，R.ブランバーグ，A.アンドウという3人によって考案された所得の仮説である。**ライフサイクル仮説**（Life Cycle Hypothesis）は，実際に受領する所得というより，**生涯にわたって得られるであろう所得の総額（生涯所得）の一部分**を現在の所得する考え方である。すなわち，所得を現在の所得に限定するのではなく，将来得られるであろう全所得の一部分と考えている。

現在 t 歳の人が毎年 Y という所得を得て，n 歳まで働き，T 歳まで寿命がある場合，この人が生涯に得られる総所得額は，

$$(n-t)Y$$

となる。

また現時点で実質資産 $\dfrac{W}{P}$ を保有しているとするならば、この人が使い切ることが可能な生涯所得の総額は、

$$\{(n-t)Y\}+\frac{W}{P}$$

となる。

さらに、年々の消費額をCとして、これを生涯にわたって消費し続けるならば、消費総額は、

$$(T-t)C$$

となる。

この人が資産を一切残さず、総所得を生涯にわたって使い切るとするならば、次のような式で示すことができる。

$$(T-t)C=\{(n-t)Y\}+\frac{W}{P}$$

これを変形し、消費関数の形にすれば、

$$C=\frac{1}{T-t}\times\frac{W}{P}+\frac{n-t}{T-t}\times Y \tag{2}$$

これは個人についてのものであるから、これを社会全体にした場合には、

$$C=a_0\frac{W}{P}+a_1 Y \tag{3}$$

となる。

この式で使われているC、$\dfrac{W}{P}$、Yは社会全体の消費、資産、予想所得を表しており、a_0、a_1は人口構成が一定である限り定数である。

これは、先のケインズ型消費関数、式12-1とほぼ同じである。

この消費関数の両辺をYで割り平均消費性向を出せば、

$$\frac{C}{Y}=a_0\frac{\frac{W}{P}}{P}+a_1$$

となる。

　上記の式より，短期的には，$\dfrac{W}{P}$ はほぼ一定であるのに対して，好況時には Y が増加するため $\dfrac{C}{Y}$ は減少する。不況時には，Y が減少するため $\dfrac{C}{Y}$ が上昇する。したがって，クロス・セクションデータから導出した絶対所得仮説によるケインズ型消費関数と同じ形の消費関数が得られることになる。

　長期的に見れば，$\dfrac{W}{P}$ は Y が増加とともに，比例的に増加すると想定されるため $\dfrac{\frac{W}{P}}{P}$ は一定となり，$\dfrac{C}{Y}$ は一定となる。つまり長期ではタイム・シリーズ（時系列）データから得られる結果と一致することになる。

3 恒常所得仮説

　M. フリードマンが考案した所得の仮説である。**恒常所得仮説**（Permanent Income Hypothesis）は，実際に得ている所得を**恒常所得**（Permanent Income）と**変動所得**（Transitory Income）に分け，このうち恒常所得を所得とする考え方であり，**将来も稼得できると予測できる平均的所得**を所得とする考え方である。具体的な事例としては，実際に得ている所得のうちの基本給が恒常所得であり，残業代やボーナス等のように**一時的に変動する部分**が変動所得になると考えてよかろう。

　Y を現在実際に得られる所得，Y^P を恒常所得，Y^T を変動所得とすれば，

$$Y = Y^P + Y^T$$

となる。

　恒常所得仮説は，消費決定が変動所得が含まれない将来にわたって得られるであろう平均的な所得，恒常所得に依存することを示している。したがって消費と恒常所得の関係は，

$$C = aY^P$$

と示される。

ここで平均消費性向を出すならば,

$$\frac{C}{Y} = \frac{aY^P}{Y} = \frac{a}{Y^P + Y^T} = \frac{a}{1 + \frac{Y^T}{Y^P}} \tag{4}$$

となる。

式12-4より,短期的には見れば,好況時Y^Tは大きくなり,不況時Y^Tは小さくなるが,Y^Pはあまり変化しない。この結果,$\frac{C}{Y}$は好況時に小さくなり,不況時に大きくなる。したがって,絶対所得仮説によるケインズ型消費関数と同じ形の消費関数が得られることになる。しかし,長期的(好況でも不況でもない時期)には,Y^Tはほぼゼロとなるため,タイム・シリーズ(時系列)データから得られる結果($\frac{C}{Y}$は一定)と一致することになる。

加えて,恒常所得仮説と長期の消費関数(クズネッツ型消費関数:$C = aY$,aは平均消費性向)との関係は**図12-2**のように示すことができる。

恒常所得がYの水準にある場合の消費はaY^Pになる。Y_1がY_2の水準に移動すれば,$Y^T = Y_2 - Y_1$となるため,これを式(4)に代入すれば,

$$\frac{C}{Y_2} = \frac{a}{1 + \left(\frac{Y^P - Y}{Y}\right)} = \frac{aY}{Y_2}$$

となり,$C = aY^P$が得られる。

図12-2 恒常所得仮説と平均消費性向

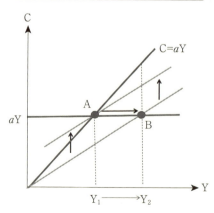

この時の平均消費性向は図ではＢ０Ｙ₁と示され，長期の平均消費性向ａより小さい値となる。さらに，この時の消費 $C=aY^P$ はＡを通る水平線と示されるため，限界消費性向が０という値になる。しかし，限界消費性向は常に正の値をとるため，これは理論的に成立しないことになる。そこで，Ａを通りＢ０と平行の直線ＢＡが短期の消費関数となる。つまり消費は Y^T の増加分を加えたＢに移動することになる。これにより，恒常所得所得仮説は，クロス・セクションデータとタイム・シリーズ（時系列）データの両者から導出した消費関数と整合性を持つことになる。

相対所得仮説

Ｊ.デューゼンベリーが考案した所得仮説である。**相対所得仮説**（Relative Income Hypothesis）は，**過去の所得が現在の所得水準に影響を与える**という**時間的相対所得仮説（ラチェット効果，歯止め効果）**と**周りの人々の所得が現在の所得水準に影響を与える**という**空間的相対所得仮説（デモンストレーション効果）**に分けられる。

1　時間的相対所得仮説（ラチェット効果，歯止め効果）

デューゼンベリーは，ラチェット効果（歯止め効果:Ratchet effect）とは，現在の所得が過去の所得より減少した場合，現在の消費行動が過去に得られた最大所得の水準から決定すると主張する。つまり，現在の所得水準以外の過去の最大所得水準が消費を決定することになる。あるいは，消費は現在の所得水準と過去の最大所得水準の両者によって決定すると言ってもよいであろう。

現在の所得水準Ｙを，過去最大の所得水準を Y^M とし，現在の限界消費性向 c を，過去最大の所得水準の消費性向 a をとするならば，消費Ｃは次のように示される。

$$C = cY + aY^M$$

これはクロス・セクションデータから導出された消費関数とほぼ同じ形とな

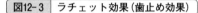

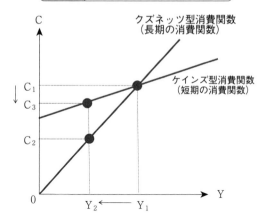

る。これより，平均消費性向は，

$$\frac{C}{Y} = c + \frac{aY^M}{Y} \tag{5}$$

となる。

ラチェット効果（歯止め効果）は**図12-3**のように示すことができる。

所得がY_1からY_2に減少したなら，それに伴い消費は通常C_1からC_2の水準へと変化するのであるが，過去の最高の所得水準が歯止めとなり，消費はC_3の水準で止まり，C_2の水準には下落しないというものである。

すなわち，ラチェット効果（歯止め効果）では，短期的に見れば，$\frac{Y^M}{Y}$の値が上昇するため，平均消費性向が上昇し，過去の最大の所得水準が消費の減少を防ぐことになる。しかし長期的に経済が安定的に成長すれば，現在の所得水準と過去の最大所得水準は等しく（$Y = Y^M$）なるため，式(5)は，

$$\frac{C}{Y} = c + a\frac{Y}{Y} = c + a$$

となり，一定の値となり，タイム・シリーズ（時系列）データから得られる結果（$\frac{C}{Y}$は一定）と一致することになる。

2 空間的相対所得仮説（デモンストレーション効果）

デモンストレーション効果（Demonstration effect）とは，消費を決定する際には，現在の所得ではなく，その人を**取り巻く社会環境が大きく影響する**ことを示している。たとえば，高所得の人々が居住する空間にいるならば，その人の所得水準に関わりなく贅沢品を購入するという消費が多くなり，また低所得の人々が居住する空間にいるならば，消費が少なくなるということである。

つまり，他人の所得水準がその人の所得水準に影響を与えるというものである。言い換えれば，他人の消費がその人の消費に影響を与えると言うことになる。

これは，ラチェット効果と同じような図や式によって示すことができる。

　流動資産仮説

J.トービンがケインズの絶対所得仮説を補充するために唱えた仮説である。**流動資産仮説**（Liquid Asset Hypothesis）は，ケインズの**絶対所得に流動資産を加えたもの**を所得とする考え方である。

ケインズ型消費関数に流動資産（主に貯蓄等）Mを加えて，

$$C = c_0 + cY + M \tag{6}$$

と示すことができる。

これより，平均消費性向は，

$$\frac{C}{Y} = c + \frac{c_0}{Y} + \frac{M}{Y} \tag{7}$$

となる。

式(7)により，短期的には，$\frac{C}{Y}$はほぼ一定であるのに対して，好況時にはYが増加するため$\frac{C}{Y}$は減少する。不況時には，Yが減少するため$\frac{C}{Y}$が上昇する。したがって，絶対所得仮説によるケインズ型消費関数と同じ形の消費関数が得

られることになる。

長期的に見れば，経済成長に伴い M は増加するため，$\frac{M}{P}$ が Y が増加したとしても，比例的に増加すると想定される。$\frac{c_0}{Y}$ が減少したとしてもその分を $\frac{M}{P}$ が相殺するため，式(7)は一定，すなわち $\frac{C}{Y}$ は一定となる。つまり長期ではタイム・シリーズ（時系列）データから得られる結果と一致することになる。

※ここまで述べた所得仮説についてまとめると次のようになる。

- **絶対所得仮説**は今の所得を対象とする。
- **ライフサイクル仮説，恒常所得仮説**は**将来稼得できる所得**を対象とする。
- **時間的相対所得仮説（ラチェット効果あるいは歯止め効果）**は**過去の所得**を対象とする。
- **空間的相対所得仮説（デモンストレーション効果）**は**周りの所得**あるいは**消費**を対象とする。
- **流動資産仮説**は**今の所得と保有資産**の両者を所得と見なしている。

6 ヴェブレン（衒示的）効果，依存効果

ここまで，消費を決定するにあたって，所得の概念が重要になるととして，所得仮説を考察したが，消費は所得以外の要因により決定される場合がある。ヴェブレン（衒示的）効果，依存効果がその例である。ここではこれらの内容について概観する。

1　ヴェブレン（衒示的）効果

T. ヴェブレンが考案した消費決定論である。**ヴェブレン（衒示的）効果**（Veblen effect）とは，**人々の消費**は，それぞれの**社会的地位を象徴する**ためのものであるということである。つまり，ダイヤモンド等の宝石類や高級衣服は自身の社会的地位の象徴として身にまとうために消費するというものである。これは所得に応じた消費ではない。

通常の財ではなく，高価な財を消費する目的はそれ自身の持つ価値の大きさに依存して，消費の大きさが決定するというものである。ただし購入者は高い社会的地位を得ている人に限られる。要するに，社会制度あるいは階級に応じて，人々の消費が決定する。人々の所属する階級が消費の決定原因になる。他者と自分との相違を明確にするための消費と言ってよいであろう。

2　依存効果

J.K. ガルブレイスが考案した消費決定論である。**依存効果**（Dependent effect）とは，消費者の消費行動が**企業の広告・宣伝に依存**して決定するということである。依存効果は空間的相対所得（デモンストレーション効果）と類似している。

大企業が消費の欲望を助長しているという意味で，消費者の消費行動を規定しているということである。これは所得に応じた消費ではない。

したがって，消費は大企業の宣伝・広告によって，日々創造されることになる。

第13章

投資決定論

> キーワード

- **投資の2面性**
  マクロ経済における投資の役割には需要面と供給面の2つの側面がある。
- **投資の限界効率**
  収益と費用の状況を反映する利子率（r）と予想収益率（ρ）を比較しながら，投資に関する意思決定を行う。
- **アニマルスピリッツ**
  ケインズは，投資量の限界効率は，投資を行う企業家の動物的「勘」に基づいた将来の期待形成に左右されると考えていた。この動物的「勘」をアニマルスピリッツと呼ぶ。
- **利潤原理**
  企業の利潤を生みだす所得水準または生産水準によって企業の投資が決定される。
- **新古典派理論**
  実際の資本ストックと資本ストックの望ましい水準が異なるとき，もし資本ストックの調整に費用が発生しない場合には，直ちに投資を実行して望ましい水準まで資本ストックが調整されるのが最適な投資行動として考える。
- **加速度原理**
  投資が所得の増加に関係していることに注目する考え方である。
- **資本ストック調整原理**
  望ましい資本ストックと現実の資本ストックとの乖離を毎期一定割合だけ埋めていくように投資を実行し，数期間かけて望ましい資本ストックを達成しようとする。
- **投資の調整コスト**
  投資の規模が大きくなればなるほど，実際に生産設備を稼働させるには多くの

費用がかかることが予想できる。このような有形・無形の損失を投資の調整コストと呼ぶ。
・トービンのq理論
株価に反映されている企業価値という観察の容易な変数を用いることにより，投資の動きを説明しようという考え方である。

マクロ経済における投資の種類と役割

1　投資の種類

　マクロ経済において，投資は，消費と並んで重要な支出項目である。総需要の基本項目であり，支出面から見たGDPの構成要素である投資は，統計で見ても消費に次いで大きい項目である。投資は，主に設備投資，住宅投資，在庫投資の3つに大別される。設備投資は，企業による機械・設備や建物への支出，住宅投資は，家計による住宅建設への支出，在庫投資は販売されなかった生産物や原材料の一時的な蓄積である。
　設備投資は，投資全体に占める割合が最も大きい。一般的に，「投資」という場合は，最大項目である設備投資のことを指している。本章では，企業の設備投資に関して，その役割や決定メカニズムについて説明する。

2　投資の2面性

　マクロ経済における投資の役割には2つの側面がある。第一の側面は，需要面での役割である。投資はGDPの構成要素であり，総需要の基本項目でもある。投資支出には，時間とともに大きく変動するという特徴があり，投資の変動は，GDP全体の短期的な振動を説明する主要因になっている。平準化される傾向にある消費と比べると，その特徴が際立っている。第二の側面は，供給

面での役割である。企業は設備投資を行い，機械設備を購入することで，資本を増加させる。長期において，資本の増加は，経済成長の要因となる資本蓄積を促進する。資本は労働と結びつき，生産に利用される生産要素として経済成長に非常に重要な役割を担っている。

2 伝統的な投資理論

1　ケインズの投資関数

ケインズの投資関数は，投資プロジェクトの収益率と利子率を比較することで導き出される。利子率以上の収益率をもつ投資プロジェクトは，実行することで，利潤を得ることができる。そのため，企業は収益率の高いプロジェクトから利子率と同じ収益率と見込むものまで，順に実行していくと考えられる。

　企業の投資プロジェクトを所与した場合，利子率が下がれば，より収益の低いプロジェクトまで実行されることになり，投資量は増大する。これがケインズの投資に関する考え方であり，ケインズの投資関数と呼ばれる。この考え方の下では，投資は利子率の減少関数としてあらわされる。一般に，ケインズの投資関数は IS-LM 分析に応用されている。

　ケインズの投資関数の考え方では，企業が設備投資活動を決めるときに投資事業で発生するコストである投資の費用（C）と投資プロジェクトから得られる予想され，割引現在価値の和であらわされる収益の流れである将来の予想収益の割引現在価値（V）を比較する仕組みが強調される。投資の費用（C）と将来の予想収益の割引現在価値（V）が等しくなるときの割引率が予想収益率 ρ（ロー）であり，**投資の限界効率**という用語として知られている。この収益と費用の状況を反映する利子率（r）と予想収益率（ρ）を比較しながら，投資に関する意思決定を行うと考えるのである。

2　投資の決定

　企業は，投資を行う際に，投資を行うことでどの程度利益を得ることができるかを常に考える。企業は，投資のコストに対して十分な収益を得られると判断すれば投資を行うだろうし，投資を行ったとしても投資コストに見合うだけの収益が得られないと判断すれば投資は行わないだろう。このことから，企業の投資決定要因は，投資のコストと投資から得られる収益を予測し，これらを比較すると想定すると考えることができる。しかしながら，投資プロジェクトによっては，長期間にわたって収入が得られるプロジェクトがあり，このような投資プロジェクトを実行に移すか否かを判断するときには，将来的に得られる収益を現時点で評価する必要がある。経済学でこの評価を行うときに使われるのが第 6 章で学習した割引現在価値での概念である。

　たとえば，n 年間にわたって毎年収益が得られる投資プロジェクトがあるとする。このとき，利子率を r，この投資プロジェクトの投資費用を C，予想収益率を ρ，n 年後に得られる収益を R_n，投資プロジェクトの割引現在価値を V であらわすとすると，投資プロジェクトの割引現在価値 V は以下の式であらわされる。

$$V = \frac{R1}{(1+r)} + \frac{R2}{(1+r)^2} + \cdots + \frac{Rn}{(1+r)^n}$$

次式であらわされる投資プロジェクトの投資費用 C と割引現在価値が一致する際の ρ が投資の限界効率である。

$$C = \frac{R1}{(1+\rho)} + \frac{R2}{(1+\rho)^2} + \cdots + \frac{Rn}{(1+\rho)^n}$$

　ケインズの投資の限界効率理論では，利子率と投資の限界効率の比較により，投資の意思決定が行われると説明する。投資プロジェクトの割引現在価値が投資費用よりも大きい（C<V）場合，投資プロジェクトを実行することで投資費用を上回る収益が得られると考えられる。したがって，企業は投資プロジェクトを実行しようするだろう。C<V であるということは，上記の 2 つの式から r<ρ ということでもあるので，投資の限界効率が利子率よりも大きいなら

ば，その投資プロジェクトは実行される。投資プロジェクトの割引現在価値が投資費用よりも小さい（C＞V）場合，投資プロジェクトを実行しても投資費用を上回る収益が得られないと考えられる。したがって，企業は投資プロジェクトを実行しようとはしないだろう。C＞Vであるということは，r＞ρ ということでもあるので，投資の限界効率が利子率よりも小さいならば，その投資プロジェクトは実行されない。

　ある企業について，設備投資プロジェクトが4件あり，それぞれプロジェクトA，B，C，Dと名付けるとする。プロジェクトAの投資額を5億円，実施することによる予想収益率は16％，Bは投資額15億円で予想収益率は10％，Cは投資額10億円で予想収益率は6％，Dは投資額8億円で予想収益率は3％であるとする。縦軸に投資の限界効率を，横軸に投資額をとり，グラフにしたのが**図13-1**である。このグラフは，**投資の限界効率表**と呼ばれる。

　投資の限界効率理論では，投資の限界効率が利子率よりも大きいと最終的な収益がプラスとなり，投資が実行される。**図13-1**において，利子率が8％のとき，投資の限界効率が8％より大きいプロジェクトはAとBであり，投資の合計額は20億円である。また，利子率が4％の場合は，投資の限界効率が

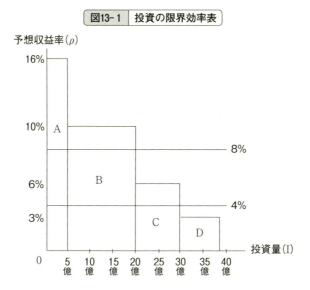

図13-1　投資の限界効率表

4％より大きいプロジェクトはA, B, Cであり, 投資額は30億円になる。

このようにして, 利子率が下がると企業の投資が増えていくことがわかる。プロジェクトに投資をするのに, 企業は銀行からお金を借りる必要がある。お金を借りるときに, 利子率が低ければ低いほど, 返済しなければならないお金は少なくて済むので, 銀行からお金を借りやすくなる。そのため, 利子率が低ければ, より多くのお金を借りてプロジェクトに投資することができるので, 投資額は多くなる。

3　アニマルスピリッツ

企業の投資の決定要因は, 利子率であり, 利子率が低ければ低いほど, 投資が大きくなる。企業の投資量が増加すると, 個別企業の投資量を合計した経済全体の投資量も増加する。投資量と利子率の関係をあらわしたのが投資関数である。**図13-2**は, 投資関数をグラフにしたものである。利子率が下がると, 投資量が増大する。この関係から, 投資は利子率の減少関数であると説明されるために, 投資曲線は右下がりである。

ケインズは, 投資量の限界効率は, 投資を行う企業家の動物的「勘」に基づいた将来の期待形成に左右されると考えていた。この動物的「勘」は, **アニマルスピリッツ**と呼ばれる。このアニマルスピリッツにより, 予想される将来の収入が増加すれば, 投資の限界効率も上昇し, 予想される将来の収入が減少す

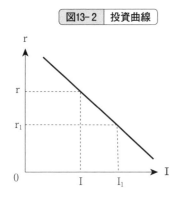

図13-2　投資曲線

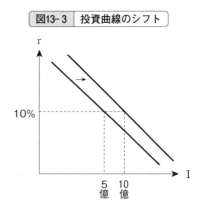

図13-3　投資曲線のシフト

れば投資の限界効率は低下する。

　好況期にはもうかるという直感が働くので，投資の限界効率が大きい投資プロジェクトが多く，投資曲線は右上方へシフトする（**図13-3**）。このとき，利子率が同じ10％の水準であっても，元の投資曲線では投資量が5億円であったものが，投資曲線がシフトし，投資量が10億円に増加している。同じ利子率であっても，好況期には，投資曲線の右上方のシフトにより投資量が増加することが説明できる。また，不況期には，投資曲線が左下方にシフトするので，投資量は減少し，利子率が下落しても，あまり投資量が大きくならないことが説明できる。

 資本ストック調整原理を中心とした投資

1　利潤原理

　企業が投資を行うためには，継続的に利潤を出していく必要がある。その一方で，利潤は，売上高あるいは生産高に比例すると考えられる。投資の決定要因として，所得水準に注目する考え方が利潤原理である。利潤原理では，企業の利潤を生みだす所得水準または生産水準によって企業の投資が決定されるととらえる。

2　投資の調整コストを考慮しない投資理論

　投資の供給面での役割で説明したように，投資は資本ストックの蓄積になり，将来の生産力の増大をもたらす。現在の利益だけでなく，将来の利益も考慮しながら企業の投資計画はたてられなければならない。

　実際の資本ストックと資本ストックの望ましい水準が異なるとき，もし資本ストックの調整に費用が発生しない場合には，直ちに投資を実行して望ましい水準まで資本ストックが調整されるのが最適な投資行動として考えられる。今期 t 期に実行される投資を I_t，t−1期末に存在する資本ストック水準を K_{t-1}，

望ましい資本ストック水準をK_t^*とすると，投資は，資本ストックの増加分に資本ストックの減耗分，すなわち減価償却δを補って維持されるから，

$$I_t = K_t^* - K_{t-1} + \delta K_{t-1} = K_t^* - (1-\delta)K_{t-1}$$

とあらわすことができる。これは，**新古典派投資理論**と呼ばれる。

加速度原理は，投資が所得の増加に関係していることに注目する考え方である。資本係数νは，生産物1単位当たりの資本ストック量をあらわしており，資本ストックKを産出高Yで割ったものである。νを固定的な資本係数として，望ましい資本ストックと実際の資本ストックの差としての投資は，所得の増加分として導くことができる。加速度原理の投資関数は，単純化のために減価償却を無視すると，

$$I_t = K_t^* - K_{t-1} = \nu(Y_t - Y_{t-1})$$

と表すことができる。この式では，景気の拡大が予想されれば，投資が増えるという関係が導き出せる。加速度原理では，企業の投資を所得の変化により説明していることがわかる。

加速度原理では，望ましい資本ストックが1期間で即座に実現するように投資が行われることになる。これは実態からかけ離れており，望ましい資本ストックと現実の資本ストックとの乖離を毎期一定割合だけ埋めていくように投資を実行し，数期間かけて望ましい資本ストックを達成しようとする**資本ストック調整原理**と呼ばれる理論が登場した。資本ストック調整原理の投資関数は次の式であらわされる。

$$I_t = \gamma(K_t^* - K_{t-1}) \quad 0 < \gamma < 1$$

γは望ましい資本ストックを達成するために，毎期行われる投資の資本係数である。加速度原理，資本ストック調整原理では資本係数は固定されている。

加速度原理や資本ストック調整原理では，資本係数が固定されており，資本と労働の代替性を考慮していない。ジョルゲンソン（D.Jorgenson）の投資理論は，資本ストックと労働との間に代替性を導入し，最適な資本ストックを企業の利潤極大化から求める。企業による市場価値の最大化から資本ストックの望

ましい水準を求め，望ましい資本ストックと現実の資本ストックとの間の乖離を部分的に調整すると想定して投資関数を導出する。

ジョルゲンソンの投資理論は，ミクロ経済学の生産者行動に基づいてマクロの投資関数を導出している。新古典派投資理論に，最適な資本ストックと現実の資本ストックとの間の乖離を部分的に調整するという考え方を接合したのがジョルゲンソンの投資理論である。ジョルゲンソンの投資関数は，資本ストック調整原理を，一般化，理論的に精緻化し実証分析に耐えられるものにしたという評価がある。

4 トービンのq理論

ジョルゲンソンの投資理論の理論的矛盾を克服したのが，**トービンのq理論**である。トービンのq理論は現代の投資理論の代表的なアプローチであり，トービン（J. Tobin）によって導入された。

設備投資を行って，生産能力や企業規模を大きくしようとするとき，様々な追加的な費用が発生すると考えられる。例えば，新しくコンピュータを購入すれば，ネットワークへの接続といった形でコストがかかる。新規の投資プロジェクトを立ち上げると，経営組織の改編が必要となり，より多くの経済的，時間的コストがかかるかもしれない。大量の機械設置を短期間で実現しようとすると，通常よりも高い建築費や購入価格を要求されるかもしれない。

こうして，投資の規模が大きくなればなるほど，実際に生産設備を稼働させるには多くの費用がかかることが予想できる。このような有形・無形の損失を**投資の調整コスト**と呼ぶ。投資の調整コストが存在するために，資本ストックを瞬間に増減するわけにいかず，複数の期間に分けて徐々に最適な資本ストックに水準を達成することが望ましいことになる。つまり，多期間にわたる利潤最大化行動が，投資の調整費用モデルの基本的なアイディアになっている。

トービンのqは，次に式であらわされる。

$$\text{トービンのq} = \frac{\text{設置されている資本の市場価値}}{\text{設置されている資本の代替費用}}$$

トービンのq理論は，分母が設備投資の費用，分子が設備投資の便益に相

当する2つの比率が投資決定において重要な役割するという考え方である。分子の設置されている資本の市場価値は，設置した資本から発生する期待収益の現在価値をあらわす。その一方，分母の設置されている資本の代替費用は，企業が今と同じ生産ができるようにするためにかかる費用であり，新しい資本の購入価格とその設置費用からなる。

トービンのqでは，資本の市場価値を，金融市場で決められる株式価格を通じて特定できると考える。なぜなら，株価は企業の収益の流れに関する情報を一番多く含んでいるからである。企業の収益の流れの現在価値が大きければ，株価も大きくなると判断される。

トービンは，投資は変数qの値に依存して決定されると考え，投資における株式市場の重要性を強調した。もし，トービンのqが1より大きい場合は，投資から得られる予想収益が投資の費用を上回るので，投資を実行する。反対に，トービンのqが1より小さい場合は，資本を設置する費用が，現在設置されている資本から発生する収益よりも大きいので，投資を実行せずに控えることになる。トービンのq理論は，株価に反映されている企業価値という観察の容易な変数を用いることにより，投資の動きを説明しようという考え方である。

 投資理論に関する留意点

投資理論に関しては，主に次の3つの留意点を考える必要がある。

第一に，不確実性の問題である。将来の財価格や売り上げが不確実なとき，利潤も不確実になる。そのために，企業の投資行動に影響を及ぼす。不確実性が存在する場合，それが投資を増加させるのか，減少させるのかは，モデルの設定による異なるので，現実にはどちらのケースに当てはまるのかを慎重に検討する必要がある。

第二に，投資の不可逆性と呼ばれる問題である。資本ストックを増加させたときと，減少させたとき，それに係る費用と便益を対称的なものとして仮定する。しかし，設備や建物を破棄するときには，それらを設置する以上に，多くの費用がかかると考えられる。その調整費用が非常に大きい場合は，破棄でき

ない場合もある。投資が不可逆であるとは，設置は可能だがその逆は不可能であるという意味である。将来の利益が不確実な場合，現在は利益の出る正の投資をしたとしても，将来は損失を被る負の投資を行う必要が出てくるかもしれない。そうした場合には，多くの費用がかかるために，そのリスクを予め計算に入れると，現在の投資を控えめにするという判断も考えられる。

　第三に，流動性制約（借入制約）の問題である。企業の投資資金の調達方法は，自己資金（内部留保），株式発行，社債発行，銀行借り入れがある。例えば，銀行借り入れの場合，必要な資金を銀行から自由に借りることができないこともある。必要な借り入れができなければ，資金不足がネックとなって，投資計画が実行できないという問題が発生する。企業の流動性制約が存在すると，不況などが投資に与える影響が大きくなる。

第14章

新しいマクロ経済学

キーワード

- **合理的期待形成**
  利用可能な情報を使って将来を予想する経済主体の行動。適応的期待が1期前の行動なのに対して，合理的期待は全ての情報を確率的期待値として活用する。
- **フォワードルッキングな行動**
  過去や現在のみならず，将来を見越した行動のことであり，新しいマクロ経済学においては分析の基本となる経済行動基準である。
- **時間選好率**
  将来に消費することよりも，現在に消費することを好む程度のことを意味する。言い換えれば，現在の消費をあきらめ，将来のために貯蓄するようになる金利水準のことともいえる。市場金利等は客観的に金融市場に存在しているが，この時間選好率は個人の主観によって異なり，現在の消費と貯蓄（将来の消費）とを関連付ける指標ともいえる。時間選好率が高ければ，現在の消費を重視し，低ければ貯蓄を重視していることになる。

---

1 期待形成と政策の効果

これまでの章では古典派とケインズ派の対比に着目しながら，従来のマクロ経済学の基本となる理論を解説してきた。本書の1章から13章までの骨子はIS-LM分析とAD-AS分析にまとめられるといえよう。これらの分析手法は，1970年代にスタグフレーションが発生したことにより，IS-LM分析やAD-AS

分析で有効であった財政政策や金融政策を通じた裁量的政策の限界性が指摘されるようになった。

このため，裁量的政策は短期では有効であるが，長期では自然失業率仮説が成立するために無効であるとするマネタリストが台頭することとなった。マネタリストは適応的期待形成を前提とした。**適応的期待**とはt期の予想はt-1期の情報から形成されるという考え方である。適応的期待によって，政府による裁量的政策が短期的には有効であり失業を減少させるが，長期的には自然失業率に収束し，無効となることを主張した。しかし，適用的期待形成では，経済主体が予想の誤りを繰り返し修正していくのみで，失敗から何も学ばないことになる。

これに対して，経済主体は予想の誤りから学ぶという**合理的期待**という考え方を導入したのがルーカス，サージェント，バローらが提唱した合理的期待形成である。合理的期待形成がなされれば，労働者は裁量的財政政策が実施されるとその無効性を短期でも判断することとなる。よって，合理的期待形成がなされれば，裁量的政策は短期的にも無効ということになり，自然失業率仮説が常に成立する。

このような合理的期待形成に立脚すれば，国債発行による財政政策は将来の増税を意味する。よって，合理的な経済主体であれば将来の増税に備え，消費を控え，企業は投資を控え，まったく需要が増大せず，短期的にも財政政策は無効となる。また，合理的期待形成学派だけでなく，サプライサイド経済学やミクロ的基礎付けを重視するマクロ経済学が80年代以降には主流となった。これに対してケインジアンの側からもニュー・ケインジアンと呼ばれる学派が登場し，ミクロ的基礎に立脚したケインズ経済学が構築され，現在に至っている。

 長期で考えることの重要性

1　新しいマクロ経済学の骨子

本章では新しいマクロ経済学について説明していくが，この新しいマクロ経

済学とは何か？っと問われれば，端的に一言で説明すれば，ミクロ経済学的な基礎を持つマクロ経済学ということができる。専門用語で言えば，**動学的確率的一般均衡**（DSGE = Dynamic Stochastic General Equilibrium）モデルと呼ばれる。

　本書のこれまでの章で解説の中心をなしてきたケインズ派のマクロ経済学は，ミクロ経済学と必ずしも接点をもたない理論的枠組みを持つことが多い。たとえば，ケインズ型消費関数で言えば，（今期の）消費水準の決定が（今期の）所得に依存して決定される。

　しかし，ミクロ経済学での消費者行動の理論では，家計は労働市場で与えられた所得と生産物市場で与えられた財価格を所与に効用を最大化するよう消費量を決定する。つまり，マクロ経済学でのケインズ型消費関数には，**効用最大化行動**というミクロ経済理論に基礎をおいていないものといえる。

　加えて，現在の消費水準の決定に際して，現在の所得だけではなく，将来にわたる所得水準も考慮されうる。たとえば，現在は安定した所得があるとしても，近い将来，所得が減少するリスクの可能性が高ければ，将来の所得減を見越して現在の消費を節約するよう心がけるかもしれない。このような将来を見越した行動を**フォワードルッキングな行動**（forward looking behavior）と呼ぶ。ミクロな経済行動を考えれば，多くの場合，将来の状況を考慮して現在の意思決定が行われる。このような各経済主体の将来にわたる期待をマクロ的な経済現象に含めていくことも新しいマクロ経済学の特質である。

　無論，ミクロとマクロでは決定メカニズムがことなることは自然科学の世界でも多々あり，必ずしもマクロ理論の背景に頑健なミクロ的裏付けがあり，両者が一貫していなければならないということはない。

　では何故，近年，マクロ経済学において，ミクロ経済学的な基礎づけが重要視されてきたのであろうか。本章はその意義について簡易な解説を試みる。

3 ミクロ的基礎づけの必要性

1　GDPは政策目標として適切であろうか？

　IS-LM分析を中心としたケインズ派のマクロ経済学は，政府の裁量的政策によってGDPや国民所得の水準を変化させ，デフレギャップが存在するときには有効需要を引き上げ，インフレギャップの時には引き下げるという**有効需要管理政策**を基本としている。GDPが向上すれば完全雇用が達成されるため，ケインズ派の政策目標は完全雇用の実現であり，そのためにGDPを完全雇用水準に維持する必要が生じる。よって，ケインズ派にとってGDPは政策目標と捉えても良いであろう。また，新聞やニュース等ではGDPの成長率が常に話題となる。GDPが低下すれば，政権与党の支持率に強い影響を与えるため，政治的にも重要な政策課題であろう。多くの一般国民にとってもGDPの上昇は極めて肯定的に捉えられていることは間違いないであろう。

　ここでは，この一見すると至極当たり前のように思える命題をつきつめて考えていくことにする。さて，ここでミクロ経済学の基礎を確認したい。ミクロ経済学では，経済厚生（economic welfare）を最大化することが合理的経済活動であり目的であった。消費者で考えれば，消費からえられる効用（utility）の最大化である。再度，マクロ経済学に話題を移すと，マクロ経済学が対象とする経済現象は常に時間が変化する諸変数であることに異論はなかろう。そこで，ミクロ経済学で学んできた経済厚生を基準にすれば，時間が変化して，マクロ経済環境が移ろう中での経済厚生がより大きくなるかということと考えることができる。

　つまり，今年の消費だけではなく，将来を含めた個人個人の人生設計を視野に入れた経済厚生に関心があるはずであろう。その意味で，単年度のGDPの水準自体が経済厚生の指標となるかは必ずしも明らかではない。言い換えれば，GDPは現在時点での生産水準でしかないが，将来を視野に入れて経済活動を行う経済主体にとっては，現在だけではなく将来の消費も経済厚生に大きな影

響を与える。

　この問題を考えていく上で、参考文献にある齊藤（2006）に従い、まずは政府部門と海外貿易が無い閉鎖経済を例に考察していく。GDPをY、消費をC、投資をIとすれば、第3章で見てきたように、

$$Y = C + I \tag{1}$$

が成立する。ここで、投資Iの意味について再考していく。ここでの投資Iは将来の消費Cのために行われることに注意である。たとえば、投資Iがゼロで、今期のYを全て消費Cに費やすとY=Cとなるが、これでは来期のYもCも共にゼロとなってしまう。かといって、今期のYをすべてIに費やすと今期の消費がゼロとなり、消費がゼロでは生命を維持できないかもしれず、これも現実的ではない。よって、今期を生きていくための消費を行いつつ、来期以降の将来に備えて投資Iが行われるのである。このケースであれば、今期のYのうち消費Cに費やさないで残した部分は、Y-Cであり、貯蓄Sと解釈することもできる。この貯蓄Sは来期以降の消費のための投資Iであり、このような政府部門と海外貿易が無い閉鎖経済では投資Iと貯蓄Sが等しい、つまりI=Sが必ず成立することにも注意である。

　ここで、投資Iについても再考していきたい。なお、ここでは投資を設備投資のみに限定して議論を続けていく。投資Iは将来の生産のために現時点で資源を投下することであるが、これには便益と費用が共に発生する。

　便益とは今期の投資を上回る財の増加分であり、費用は設備が陳腐化していくコストであり減価償却費もしくは資本減耗費と呼ばれる。現在、1単位の投資Iを行うと、1年後に（1+x）単位の財が生産され、毎年d単位の資本減耗が生じるとする。よって、この場合には1単位の投資Iから（1+x-d）単位の財が発生することになる。

　そして、（x-d）を設備投資の生産性と呼ぶことにする。1単位の投資から、この（x-d）が大きければ大きい程、効率の高い投資であることになるためである。

　ここでの議論は、時間が変化し、将来を考慮したものであるため、現在の消費と将来の消費との違いについての理解が必要となる。債券価格の決定メカニ

ズムにおいて，この時に割引現在価値という概念が必要であるが，**割引現在価値**に換算すると言うことは，今日の100円と明日の100円では，今日の100円の方が価値が高いということである。同様に同じ消費量であっても将来の消費は現在の消費よりも価値が低く，将来の消費を現在の消費と比較するためには将来の消費を割り引かなければならない。この時の割引率を**時間選好率**（rate of time preference）と呼び，ここでは年率ρであるとする。仮に時間選好率が年率10％であれば，1年後の110単位の消費量は110を（1＋0.1）で割り引くことによって，1年後の110単位は現在の100単位に相当することになる。

よって，1年後の（1＋x－d）単位の財を現在価値に直すと，

$$\frac{1+x-d}{1+\rho} \tag{2}$$

となる。

ここで，今期のGDPであるYを消費Cと投資Iに割り振る問題を考えてみる。前述の通り，今期の投資Iがゼロであれば，今期の消費Cは豪勢になるかもしれないが，来期のYはゼロとなる。逆に今期のYをすべて投資Iに割り振れば今期の消費Cがゼロとなってしまう。

では，両者の最適なバランスをどのように考えていけば良いものであろうか。そこで，(2)式から，設備投資によって得られる便益の現在価値が現在の消費1単位と等しい場合を考えてみる。この時には，

$$\frac{1+x-d}{1+\rho}=1 \tag{3}$$

が成立する。この(3)式の左辺は設備投資によって得られる便益の現在価値であり，右辺は現在の消費1単位であり，両辺に（1＋ρ）を乗じて整理すると，

$$x-d=\rho \tag{4}$$

となる。(4)式の左辺は設備投資の生産性，右辺は時間選好率である。両者が等しいときには，現在の消費一単位と現在の投資1単位が等しくなる。

この条件が成立すれば，GDP1単位の増加は，現在の消費1単位の増加を意味する。つまり，投資の生産性と時間選好率が等しい場合には，消費と投資の配分にこだわることなく，GDPを政策目標としても問題ないことになる。

しかし，もしも設備投資の生産性が時間選好率より高ければ，現在の消費を控えてでも，設備投資によって将来の消費が増えることになり経済厚生が高まる。逆に時間選好率の方が設備投資の生産性よりも高ければ，設備投資から消費へと配分を移すことによって経済厚生が増大することになる。よって，どちらが生じるにせよ，GDPの水準よりも，消費と設備投資の配分が経済厚生を考える上で重要であることがわかる。

(4)式の骨子は，GDPの水準そのものではなく，消費と投資のバランスによって経済厚生が変化すると言うことである。このことは机上の議論ではなく，現実のマクロ経済政策に直結する。たとえば，失われた20年の中で，日本経済はGDPも設備投資も低迷してきたが，設備投資の拡大とGDPの下支えを意図して数多くのマクロ経済政策が実施されてきた。がしかし，(4)式の左辺である設備投資の生産性が低下したのであれば，それらの諸政策は経済厚生を改善しない可能性が示唆される。

2　新しいマクロ経済学の骨子

このようにマクロ経済政策を考える際には，経済厚生という基準を下に考察する必要性が生じる。新しいマクロ経済学では時間を通じて変化する消費者の効用最大化問題や企業の利潤最大化問題をベースとして，長期における経済厚生の変化を分析し，長期における経済厚生の最大化を分析の基礎としている。ここまでの本章の説明では，詳細に説明すると本書の水準を超えるため，明示的に効用最大化や利潤最大化行動を含めてはいないが，新しいマクロ経済学ではこれらを数学的に厳密に取り扱っており，その骨子は，長期にわたって**フォワードルッキングな行動**をとった経済主体の最適化行動を分析している。

本書のこれまでの章で説明した **IS-LM 分析**や **AD-AS 分析**では，国民所得 Y の増大を政策目標として考えてきたが，これが必ずしも経済厚生の増大と長期において等しいとは限らない。このことがマクロ経済分析においてもミクロ経済学のような最適化行動を必要とする根拠と言えよう。また，IS-LM 分析や AD-AS 分析では長期での時間の変化が考慮されていない。特に AD-AS 分析では，AS曲線と AD曲線は独立に導出されており，両者の相互依存関係は

考慮されていない。しかし，供給側と需要側は時間を通じて相互の関連しながら変化しているはずである。

　新しいマクロ経済学では，効用最大化行動といった**ミクロ的基礎づけ**と時間を通じた動学的変化を重視する。この時間を通じた変化は，本書の水準を超えるため詳細な解説は省略するが，マクロ経済を分析し，望ましい経済政策を考える上で今や不可欠な分析ツールとなっており，動学的確率的一般均衡モデルと呼ばれる分析手法で代表される。この動学的確率的一般均衡モデルの詳細な解説は本書のレベルを超えるため，解説は省くが，動学的とは時間を通じて変化することであり，一般均衡とは家計の効用最大化行動と企業の利潤最大化行動をともに含むミクロ経済学を基礎としていることを意味している。これが現代マクロ経済学の主要となる分析スタイルである。これは，消費や投資に関する理論においても同様である。

さらなる学習のために

　本章ではミクロ的基礎づけをもつ新しいマクロ経済学について，直感的なイメージを伝えることを意図し，図表や数式を可能な限り使わずに解説を試みた。

　しかし，この新しいマクロ経済学を厳密に理解するためには，かなり高度な数学的知識が前提となり，おそらく数冊以上の専門書を理解していく必要がある。本章の最後に，この新しいマクロ経済学を将来的に学びたいと考える読者のために，そのプロセスについて簡潔にアドバイスを行う。

　この新しいマクロ経済学の分析スタイルであるが，具体的には時間を通じた消費と投資の効率的な配分の条件であるオイラー方程式を導出し，資本と消費の最適経路を考察するものである。このオイラー方程式であるが，これを理解するためには以下のような基本事項をまず理解する必要がある。

　まず，新しいマクロ経済学はミクロ的基礎づけをもつがゆえにミクロ経済学の理解が大前提となる。ミクロ経済学についてまずは微分を用いていないテキストを理解した上で，次に偏微分と全微分の概念を理解することが出発点である。そして，その上で微分方程式の基礎を学び，変分法とオイラー方程式を理解する必要がある。その意味で，本章で概観を紹介した動学的確率的一般均衡

モデルをきちんと理解するためには，数年程度の時間が必要となる。極めて多大な努力を必要とする分野であるが，近年ではアメリカを中心に政策立案に極めて大きな影響力もった手法となっており，社会的必要性が高まっている。

　また，このような動学的確率的一般均衡モデル等の新しいマクロ経済学が出現する背景として，計量経済学の発展が大きく寄与している。計量経済学とは経済理論をデータを用いて実証的に検証する経済学に特化した統計学の一形態ともいえる。新しいマクロ経済学が近年，主流となりつつある背景として計量経済学を用いた実証分析の進歩が挙げられる。近年では情報化の進展にともない以前では考えられない程のデータが利用可能となっている。これらをコンピュータを用いて解析することによって，マクロ経済理論は常に検証される立場にある。以前と比較し，現在では新しいマクロ経済理論は瞬時に実証分析によって検証され，進化している。この意味で，最先端のマクロ経済学を理解するには計量経済学を学ぶことも必須となりつつある。大学院等で最先端のマクロ経済学を学ぶことを考えている読者であれば，計量経済学の学習も不可避である。

第15章

マクロ経済学の鳥瞰

キーワード

- ケインズ理論の特徴
    * 経済は，不況を自力で回復することはできない。すなわち経済には自動調整作用はない。
    * 実際の均衡では完全雇用均衡が実現しているのではなく，過少雇用均衡が実現しているに過ぎない。
    * 新自由主義の想定から，政府の役割，すなわち政府支出や租税の役割を重視する。
    * 有効需要の原理を基本とした経済政策を主張する。
    * 価格は下方硬直的であるため，価格調整が作用せず，数量調整が作用する。
    * 経済の繁栄は投資の増加によってもたらされる。
    * 投資における「アニマル・スピリット」の役割を重視する。つまり投資は将来の期待から発生する。
    * 分析手法として，短期の消費関数（絶対所得仮説に基づいたケインズ型消費関数）を用いる。
    * 労働市場における非自発的失業の存在を明らかにする。
    * 資本主義は存続する。
- マネタリズム（Monetarism）
  ケインズ理論の批判として，M. フリードマンらによって主張された理論である。貨幣数量説を基本として，長期の理論的立場からの理論構成である。
- クラウディング・アウト（Crowding out：押し出し）効果
  何らかの財政政策が発動された場合，この政策が GDP を増加させたとしても，利子率を押し上げ民間投資を減少させることにより，予定していた GDP の増加より，実際の GDP の増加は少ない。
- 自然失業率仮説

自然失業率（Natural rate of unemployment）のところでフィリップス曲線が垂直に示され，財政・金融政策により一時的に失業率が改善したとしても，失業率は自然失業率に戻るというものである。
・k％ルール
中央銀行が毎年あらかじめ決められた割合（k％）だけマネー・サプライを増加すべきということである。
・合理的期待（Rational expectation）
人々がマクロ経済構造や政策決定当局のすべての行動を入手可能な情報から予想するということである。
・サプライサイド・エコノミックス（Supply-side economics：SSE）
A.スミス以降の古典派経済学以降主張されている供給側面，すなわち資源や生産量を重視する考え方である。

1 ケインズ派理論

　J.M.ケインズの『雇用，利子および貨幣の一般理論（The General Theory of Employment, Interest and Money）』（以下『一般理論』と省略）は1936年に出版される。これがマクロ経済学の最初の提示であり，ケインズ理論の原型である。
　この背景には，1929年のウォール街での株価大暴落に象徴される世界大恐慌以降の経済の低迷があった。この結果，大量の失業者や大量の遊休設備さらに過剰原材料が発生することになる。これらの解消を目指し，すなわちマクロ経済学の概念を示すとともに，古典派経済学の完全雇用が常に実現するという想定の批判を提示したのが『一般理論』である。

1　ケインズ理論の生成過程

　ケインズは『一般理論』を出版する以前の1926年に『自由放任の終焉（The End of Laissez-faire）』を著している。ここで，A.スミス以降の市場機構を中心とした自由放任（レッセ・フェール）による経済理論を批判している。国家

は夜警国家として最小限の経済活動を行うのではなく,経済主体の1つとして,直接経済運営に関わらなければならないと主張しているのである。つまり自由放任ではなく,新しい自由主義(新自由主義,New Liberalism)を主張する。ケインズはハーヴェイロードの前提(政府は民間に比べて経済政策の立案・実行能力に優れている)から,無私の官僚による政府あるいは国家の運営は健全に行われると仮定している。

その後,1930年『貨幣論(*A Treatise of Money*)』を出版し,景気循環の貨幣からの説明,すなわち貯蓄・投資の相互関係から不況を解明しようとしている。しかし,利子率を媒介とする貯蓄・投資からでは,不況を説明することができない。そこで新たな経済分析手法が必要になる。

1930年代には,ケインズはケンブリッジ大学のR.カーン,J.E.ミード,P.スラッファ,A.ロビンソン,J.ロビンソンを中心とする「ケンブリッジ・サークル」と呼ばれる研究会を開催し,そこで,不況対策の理論研究を行うようになる。ここでの成果は,カーンによる乗数理論,ケインズ自身による流動性選好説,資本の限界効率説,消費関数等ケインズ理論を構成する多くの概念に現れている。

さらに,非自発的失業の存在,貨幣を内生化した実物経済(産出量水準は貨幣量に依存する)という貨幣・実物の一元化,すなわち貨幣ベールの払拭の主張を行っている。

これらの主張が骨格となり,『一般理論』が形成されたのである。

2 ケインズ理論の波及過程

P.A.サミュエルソンは,ケインズの『一般理論』が急激に経済学者に広がっていったかについて,次のように述べている。

『一般理論』は,南海島民の孤立した種族を最初におそってこれをほとんど全滅させた疫病のごとく思いがけない猛威をもって,年齢35歳以下のたいていの経済学者をとらえた。50歳以上の経済学者は,結局のところその病気に全く免疫があった。時がたつにつれ,その中間にある経済学者の大部分も,

しばしばそうと知らずして，あるいはそうと認めようとせずに，その熱に感染し始めた。

『一般理論』の影響は，サミュエルソンの言葉のように，イギリスでは，J.R.ヒックス（IS-LM分析の考案者），R.ハロッド，N.カルドア，A.ラーナー等に，アメリカでは，サミュエルソン（新古典派的統合の考案者）をはじめとして，O.ランゲ，S.E.ハリス，A.ハンセン，G.ハーバラー，J.M.クラーク等の若い経済学者たちに広がっている。

これをL.R.クラインは「ケインズ革命（The Keynesian Revolution）」と名付けている。

ところで，T.クーンの「パラダイム論」によれば，「ケインズ革命」がいっそう波及するためには，『一般理論』に基づいた教科書の発行が必要になる。この役割を担ったのが，ヒックスのIS-LM分析であり，1948年に出版されたサミュエルソンの『経済学』である。こうした波及過程について，『一般理

図15-1 マクロ経済学 IS-LM分析および『一般理論』の概念の関係

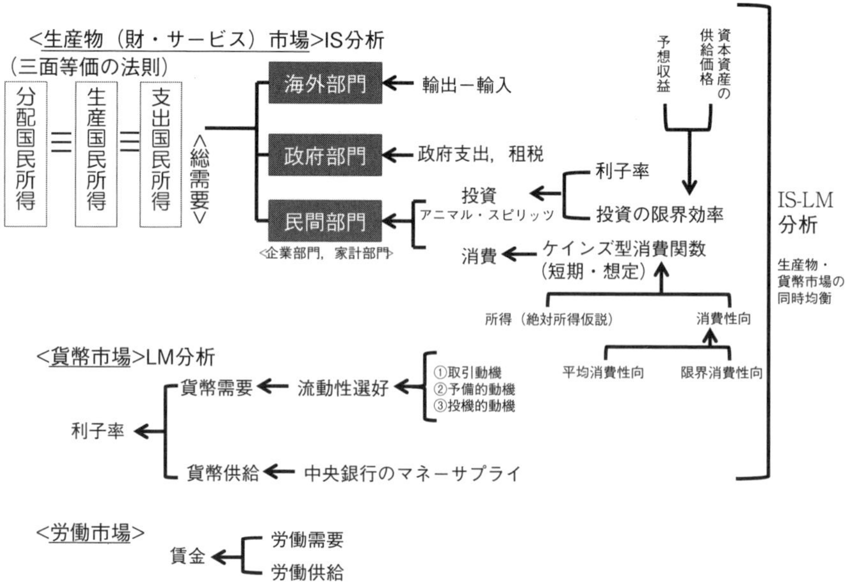

論』の出版に際して，詩人バーナード・ショーがこの書籍は10年後に経済学に革命的な変化をもたらすと予言している。

しかし，ケインズの『一般理論』のエッセンスを抽出し，それらを体系化したヒックスのIS-LM分析，サミュエルソンの『経済学』がケインズの『一般理論』で説き明かした理論とすべて同一であると考えることには注意を要する。

なお，マクロ経済学とIS-LM分析およびケインズの『一般理論』で主張した概念の関係についての一覧表は図15-1に示す。

3　ケインズ理論の特徴

ケインズが『一般理論』で示した特徴をこのわずかな文章で表現することは，あまりにも無謀で，不可能である。したがって，ここではその概略だけを示すことにする。

ケインズの『一般理論』の目次は以下のとおりである。

> 第一編　序章
> 第1章　一般理論
> 第2章　古典派経済学の公準
> 第3章　有効需要の原理。
> 　第二編　定義と基礎概念
> 第4章　単位の選定
> 第5章　産出量と雇用量を決定するものとしての期待
> 第6章　所得，貯蓄および投資の定義
> 第7章　貯蓄と投資の意味についての続論。
> 　第三編　消費性向
> 第8章　消費性向—（Ⅰ）客観的要因
> 第9章　消費性向—（Ⅱ）主観的要因
> 第10章　限界消費性向と乗数。
> 　第四編　投資誘因
> 第11章　資本の限界効率
> 第12章　長期期待の状態
> 第13章　利子率の一般理論

第14章　利子率の古典派理論
第15章　流動性への心理的および営業的誘因
第16章　資本の性質に関する諸考察
第17章　利子と貨幣の基本的性質
第18章　雇用の一般理論再説
　第五編　貨幣賃金と物価
第19章　貨幣賃金の変動
第20章　雇用関数
第21章　物価の理論
　第六編　一般理論の示唆する若干の覚書
第22章　景気に関する覚書
第23章　重商主義，高利禁止法，スタンプ付き貨幣および過少消費説に関する覚書
第23章　一般理論の導く社会哲学に関する結論的覚書

　このように，ケインズが『一般理論』で体系化しようとした理論は，産出量（GDPあるいは国民所得），利子と貨幣，資本と投資，雇用等のそれぞれの決定要因とその相互関連性である。
　加えて，ケインズ想定した経済社会は次のような特徴を持つのである。
- 経済は，不況を自力で回復することはできない。すなわち**経済には自動調整作用はない**。
- 実際の均衡では完全雇用均衡が実現しているのではなく，**過少雇用均衡が実現**しているに過ぎない。
- **新自由主義の想定**から，政府の役割，すなわち政府支出や租税の役割を重視する。
- **有効需要の原理を基本とした経済政策**を主張する。
- **価格は下方硬直的**であるため，価格調整が作用せず，**数量調整が作用する**。
- **経済の繁栄は投資の増加**によってもたらされる。
- 投資における「**アニマル・スピリット**」の役割を重視する。つまり投資は将来の期待から発生する。
- 分析手法として，**短期の消費関数（絶対所得仮説にもとづいたケインズ型**

消費関数）を用いる。
- 労働市場における**非自発的失業の存在**を明らかにする。
- **資本主義は存続**する。

等々である。

ケインズが分析対象にした資本主義経済は，それ以前から想定されたものとは次の2点で異なっている。
- 貯蓄を行う家計と投資を行う企業の性格は全く異なっているため，貯蓄と投資が常に等しくなる（恒等式で示される）であるという想定，**「セイ法則」は成立しない**。したがって，経済を活性化させるためには，供給を刺激する政策よりも短期的には需要を刺激する政策が必要になる。すなわち過少雇用の状態（不況と言い換えてもよい）を改善するためには，有効需要を創出する経済政策が必要になる。
- 「貨幣ベール観」あるいは「貨幣中立説」と呼ばれる実物世界と貨幣世界の二分法は，現実世界では存在しえないと批判する。現実世界では常に実物と貨幣が相互に関連しあっており，そこから経済状況が変化が発生している。これを具体的に示しているのが，ケインズのマクロ経済学であり，IS-LM 分析である。つまり貨幣数量説への批判である。

これ以外にも，ケインズは，古典派が想定している自然調和的な均衡の達成，名目値ではなく実質値（言い換えれば労働者は賃金の名目値より実質地を重視して行動する）という想定等を批判しつつ，経済学への期待の持つ役割の導入等を行ったのである。

要するに，ケインズは『一般理論』において，古典派では一般的であると想定している理論が，現実には，特殊な状態を説明している理論であることを証明しようと考えたのである。

なお，ケインズ理論に対しては以下に述べるような批判理論がある。しかし，ケインズ理論はマクロ動学的手法の採用，市場機構の導入，統計的手法による理論的整合性の検討等のさまざまら手法を駆使して，発展を模索している。しかし，ケインズが『一般理論』で主張した経済理論を分析手法から見れば，短

期的,需要面からの分析および経済学への期待の導入等の貢献は依然として有効であるといえる。

 ## ケインズ理論への批判

ケインズの『一番理論』によるケインズ理論（マクロ経済学）が登場したのは，大恐慌という時代背景のもとである。その後，ケインズ理論による救済策が経済政策となり，アメリカ合衆国をはじめとする各国に採用され，1960年代のアメリカ合衆国のケネディ，ジョンソン政権下でそのピークを迎える。

1960年代は，アメリカ合衆国が行ってきた第二次世界大戦後の対外経済・軍事援助や対外直接投資の増大に伴い，ドルを基軸通貨とするIMF体制の矛盾，国内産業の空洞化が表面化した時代である。加えて，1965年に発生したベトナム戦争がこれに拍車をかけることになる。この結果，失業，インフレーション，国際収支の悪化という「トリレンマ（三重苦）」が発生する。その上，二度にわたるオイル・ショックが追い打ちをかける。

この状況を，J.ロビンソンは「経済学の第二の危機」と名付ける。**「経済学の第一の危機」**とは，**1930年代に発生した世界大恐慌**に対して，新古典派経済学はその解明，対応ができなかったということを指している。これはケインズの『一般理論』の出現とともに解消される。**「経済学の第二の危機」**とは，**1970年代以降の現実経済の不安定性（スタグフレーションという不況下でのインフレーション，継続的物価上昇）**をケインズ理論では解消できなかったということを指している。

スタグフレーションという現象の発生がケインズ理論に対する批判理論を生み出すことになる。

ケインズ派理論では，A.レイヨンフーヴッドがケインズの理論（『一般理論』で記述されている理論）と定型化されたケインズ理論（ヒックスのIS・LM分析とそれに続くサミュエルソンの新古典派統合によるケインズの解釈）を峻別し，現実の経済の不安定性については，ケインズ理論を再考すべきと主張する。

J.M.ブキャナンらの反ケインズの財政学者を中心とするヴァージニア学派

（シカゴ・ヴァージニア学派と呼ばれる場合もある）は，ケインズ政策の有効性を認めながら，産業界を代理する政治家が介在することにより，経済政策の有効性が失われることになると批判する。つまりケインズのハーヴェイロードの前提を批判している。

ケインズ理論に対する批判としては，上記のものがあるが，より鮮明にケインズ理論を批判した理論としては，マネタリズム，合理的期待形成学派，サプライサイド・エコノミックスがある。

3 マネタリズム

1 マネタリズムの特徴

マネタリズム（Monetarism）はケインズ理論の批判として，M. フリードマンらによって主張された理論である。**貨幣数量説を基本として，長期の理論的立場**からの理論構成である。

貨幣数量説には，I. フィッシャーの交換方程式，ケンブリッジ方程式（現金残高方程式）等がある。

Mを流通貨幣量，Vを取引流通速度（ある期間内に同一貨幣が使用される回数），Pを物価水準，Qを取引総量とした**フィッシャーの交換方程式**によれば，

$$MV = PQ$$

という関係が成り立つ。

ここで，Pの変化はM，V，Qを，Mの変化はV，Qを変化させない，VとQは定数であるという条件を付けると，Mが変化すれば，それと同じ割合でPが変化するという関係が導き出される。要するに，貨幣量の変化は必ず物価水準の変化を引き起こすことになる。

フィッシャーの交換方程式のPを一般物価水準とし，QをYの実質GDPに変え，Mをマネー・サプライとし，Vの逆数をk（マーシャルのkと呼ばれる）とするならば，

$$M = kPY$$

ケンブリッジ方程式（現金残高方程式）が求められる。

kが安定していれば，名目 GDP（PY）はマネー・サプライ（M）の大きさに比例して変化することになる。

短期的に見れば，マネー・サプライが変化すれば，生産量や雇用量に影響を与えるが，長期的には物価水準が少々するため，実質 GDP は増加しないということになる。

ケインズ流の金融・財政政策を裁量的に運営する経済政策は，短期的，あるいは一時的には有効であったとしても，長期的には，単に物価水準を上昇（インフレーション）させるに過ぎないことになる。

これより，マネタリズムの特徴は以下のようになる。

- ケインズ理論は短期分析を主体にするが**マネタリストは長期分析を主体**にする。
- **GDP はマネー・サプライが決定する。**
- ケインズ理論では貨幣の保蔵機能を主張するが，マネタリストは「**貨幣の中立性**」を主張する。

2　マネタリズムの基本政策

(1) クラウディング・アウト効果

マネタリストは，ケインズの財政政策が政策的には何らの効果も持たないとクラウディング・アウト効果を用いて説明する。**クラウディング・アウト（Crowding out：押し出し）効果**とは，何らかの財政政策が発動された場合，この政策が **GDP を増加させたとしても，利子率を押し上げ民間投資を減少**させることにより，予定していた GDP の増加より，実際の GDP の増加は少ないというものである。

図15-2より，財政政策が拡大した場合，IS は IS_1 にシフトし，GDP も Y_1 から Y_2 に増加する。これに伴い利子率は r_1 から r_2 へと上昇する。利子率が上昇することにより，予定された GDP（Y_2）の増加が実現せず，Y_2-Y_3 の部分の GDP がクラウディング・アウト（押し出す）される。

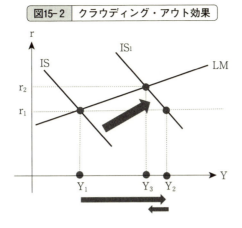

図15-2 クラウディング・アウト効果

(2) 自然失業率仮説

物価上昇率と失業率とのトレード・オフ関係あるいは負の相関関係を示したものは**フィリップス曲線**と呼ばれる。すなわち，縦軸に物価上昇率をとり，横軸に失業率をとるならば，右下がりの直線あるいは曲線として示される。図15-3に示すように，縦軸の物価上昇率を p とし，横軸の失業率を u とすれば，短期的には，フィリップス曲線は安定した形を持ち，期待物価上昇率の相違により，シフトすると考えられる。

フィリップス曲線を安定的でない，また長期の状態で示したのが自然失業率仮説（Natural rate Hypothesis）である。**自然失業率**とは，長期の労働市場における完全雇用状態，言い換えると働きたい労働者はすべて働くことができているという**非自発的失業が存在しない状態での失業率**のことである。自然失業率仮説とは，自然失業率（Natural rate of unemployment）のところでフィリップス曲線が垂直に示され，財政・金融政策により一時的に失業率が改善したとしても，失業率は自然失業率に戻るというものである。

図15-4に示すように，何らかの財政政策の発動により，フィリップス曲線上のAからBへの移動が発生した場合，失業率が u^n から u_1 へと減少するが，物価上昇率は P_1 から P_2 へと上昇する。これは，人々が現実の物価上昇率と期待物価上昇率の乖離を知らない（貨幣錯覚）状態，短期の状態で発生する。しかし長期では，人々は期待物価上昇率を現実の物価上昇率 P_2 に変化させるた

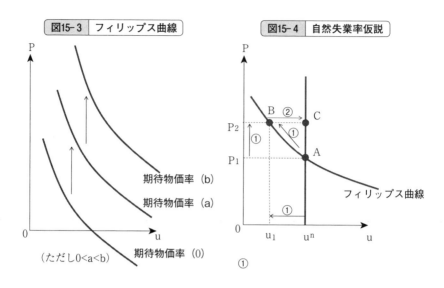

め，失業率は u_1 から元の水準 u^n に戻ることになる。これが自然失業率仮説の意味するところである。

(3) k％ルール

フリードマンはケインズ的な裁量的金融政策を批判して，k％ルールを主張する。

k％ルールとは，**中央銀行が**毎年あらかじめ**決められた割合（k％）だけマネー・サプライを増加**すべきということである。この手法はマネー・サプライを安定せることにより，GDP の変動を少なくし，物価を安定させることができるという主張である。つまり，短期的に経済が変動したとしても，裁量的経済政策を採用せず，市場に任せたほうが，長期的には，経済が安定するという主張である。

4 合理的期待形成学派

合理的期待は1960年代に J. ムスが議論しているが，1970年代以降，T. サージャント，N. ウォレンス，R. ルーカス等が理論として体系化する。まず，期

待とは，物価，所得，財政政策，金融政策等の様々な経済変数の将来値に対する予測のことであり，過去の継続から予測されるものとは全く異なっている。また合理的とは，様々な情報をもっとも効率的に利用することができるというものである。したがって，的中しない予測は，合理的でない予測となろう。

　要するに，**合理的期待**（Rational expectation）とは，**人々がマクロ経済構造や政策決定当局のすべての行動を入手可能な情報から予想する**ということである。つまり，政策決定当局が決定する様々な政策についても，人々はすべての情報を入手しているため，すべて予想されており，予想に基づいて行動しているということができる。なぜなら，政策当局が持っている情報は，人々が持っている情報と全く同じであるからである。

　合理的期待形成学派のモデルにおいては，以下の内容が盛り込まれている。
- **期待**は情報として**内生的に**モデルに与えられている。
- 合理的期待は，**予想形成時点で利用できるすべての情報を用いて形成**される。
- すべての**予想形成者**は将来予測のための**経済政策等の情報を入手**している。

入手できる情報は多岐にわたる。予想形成者はこれまでの経済学では，外政的要因としてみなされていたものも，容易に入手できることになる。
　理論形成の前提としては次の2点が考えられる。
- すべての市場において価格等は瞬時に動き，超過や過不足は**瞬時に調整**する。**価格等は常に伸縮的に変化**する。つまり，常に**完全雇用均衡が実現**しており，過少雇用均衡は存在しないと言える。
- 人々の**期待**は，絶えず新しい情報により，**更新**される。

こうした前提より，マネタリストが認めている裁量的財政政策の短期的効果を批判する。すなわち，政府の経済安定化に向けた各種政策がすべて無効であると主張する。
　さらに，瞬時の市場均衡が仮定されているため，また金融政策当局の情報もすべて知られているため，金融政策さえも無効になる。
　合理的期待形成学派は合理的期待と市場が瞬時に調整できる機能を持つとい

う主張から，すべての財政政策，金融政策が無効であると提言する。

 ## サプライサイド・エコノミックス

　サプライサイド・エコノミックス（Supply-side economics 略してSSE）とは，A. スミス以降の古典派経済学以降主張されている**供給側面**，すなわち**資源や生産量を重視する考**え方である。すなわち，資源を公共部門から民間部門へ，また消費財生産を生産財生産へと向けるべきであると主張する。

　この考え方を主張したのは，A. ラッファー，P.C. ロバーツ，G. ギルダー等である。

　理論の具体的な特徴としては，以下の内容である。
- ケインズが批判した「セイの法則」を基礎にした理論である。
- 「企業家精神」による供給増加が経済を活性化させる。
- インフレーションの原因は重税にある。

　重税の弊害を示すものとして，ラッファーは，縦軸に税収を，横軸に税率を示した**図15-5**のような**ラッファー曲線**（Laffer Curve）を表わす。この図では，税率がある一定の税率（図では最適税率）よりも低ければ，税収は減少する。言い換えれば，**税率をある一定の税率まで上昇させたとしても，税収は増加す**

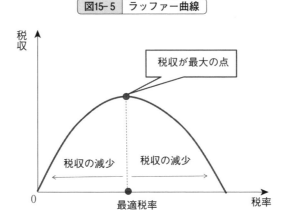

図15-5　ラッファー曲線

る。さらに一定税率より，高い税率を設定すれば，税収が減少することになる。重税がインフレーションばかりではなく税収の減収を引き起こすことになるのである。

《参考文献》

- 浅子和美・加納悟・倉澤資成『マクロ経済学（第2版）』新世社，2009年
- 池田一新『混合体制の経済学』白桃書房，1985年
- 石川秀樹『経済学入門塾Ⅰ　マクロ編』中央経済社，2000年
- 伊東光晴『ケインズ』岩波新書，1962年
- 伊東光晴『現代に生きるケインズ』岩波新書，2006年
- 伊東光晴『経済学史（経済学全集3）』筑摩書房，1970年
- 伊藤元重『マクロ経済学（第2版）』日本評論社，2012年
- 伊藤元重『入門経済学（第4版）』日本評論社，2015年
- 宇沢弘文『宇沢弘文著作集Ⅱ，Ⅲ，Ⅳ，Ⅸ』岩波書店，1994年
- 井堀利宏『入門マクロ経済学（第2版）』新世社，2003年
- 大石泰彦・金沢哲雄編『エレメンタル　マクロ経済学』英創社，1996年
- 大竹文雄『スタディガイド　入門マクロ経済学』日本評論社，2007年
- 岡村宗二『ファンダメンタル　マクロ経済学』中央経済社，2005年
- 小淵洋一『イントロダクション経済学（第6版）』多賀出版，2009年
- 小淵洋一監修『アトラス　経済学入門』文教出版会，2015年
- 加藤涼『現代マクロ経済学－動学的一般均衡モデル入門』東洋経済新報社，2006年
- 金谷貞夫『演習マクロ経済学』新世社，2010年
- 工藤和久・井上正・金谷貞夫『マクロ経済学』東洋経済新報社，1999年
- 齊藤誠『成長新興の桎梏－消費重視のマクロ経済学－』日本評論社，2006年
- 齊藤誠・岩本康志・太田聰一・柴田章久『マクロ経済学　新版』有斐閣，2016年
- 笹山茂・坂上智哉『トリアーデ経済学　マクロ経済学入門』日本評論社，2015年
- 孫根志華『新版　基礎から学ぶ政治と経済』学文社，2015年
- 武隈慎一『マクロ経済学の基礎理論』新世社，1998年
- 武田陽介・小巻泰之『マクロ経済学をつかむ』有斐閣，2006年
- 田中隆一『計量経済学第一歩－実証経済分析のススメ』有斐閣，2015年
- 中田真佐男『基礎から学ぶ動学マクロ経済学に必要な数学』日本評論社，2011年
- 中谷巌『入門マクロ経済学（第5版）』日本評論社，2007年

- 庭田文近編著『エレメンタル　マクロ経済理論』晃洋書房，2016年
- 根井雅弘『経済学の歴史』筑摩書房，2010年
- 広井良典『定常化社会』岩波新書，2001年
- 二神孝一『動学マクロ経済学　成長理論の発展』日本評論社，2012年
- 水野正一『マクロ経済学』七覧出版，1969年
- 宮尾龍蔵『コア・テキスト　マクロ経済学』新世社，2005年
- 宮崎義一・伊東光晴『コンメンタール　ケインズ一般理論』日本評論社，1964年
- 茂木喜久雄『らくらくマクロ経済学入門（改訂版）』週刊住宅新聞社，2005年
- 山本勲『実証分析のための計量経済学』中央経済社，2015年
- 吉川洋『マクロ経済学　現代経済学入門（第3版）』岩波書店，2009年
- D. ローマー著，堀雅博・岩成博夫・南條隆訳『上級マクロ経済学』日本評論社，2010年
- D.K. フォーリー・T.R. マイクル著，佐藤良一・笠松学監訳『成長と分配』日本経済評論社，2002年
- J.M. ケインズ・R.F. ハロッド著，宮崎義一・伊東光晴訳『ケインズ・ハロッド（世界の名著27）』中央公論，1966年
- J.M. ケインズ著，間宮陽介訳『雇用利子及び貨幣の一般理論（上・下）』岩波文庫，2008年
- J.M. ケインズ著，山岡洋一訳『ケインズ説得論集』日本経済新聞出版社，2010年
- L.R. クライン著，篠原三代平・宮沢健一訳『ケインズ革命』有斐閣，1952年
- M. フリードマン著，佐藤隆三・長谷川啓之訳『実証的経済学の方法と展開』富士書房，1977年
- M. フリードマン著，今井賢一・宮川公男訳『消費の経済理論』巌松堂，1961年
- M. フリードマン，三宅武雄訳『貨幣の安定をめざして』ダイヤモンド社，1963年
- N. グレゴリー・マンキュー著，足立英之・石川城太・小川英治・地主敏樹・中島宏之・柳川隆訳『マンキューマクロ経済学Ⅰ・Ⅱ（第2版）』有斐閣，2003年
- R.F. ハロッド著，塩野谷九十九訳『ケインズ伝　上・下』東洋経済新報社，1951年
- R.F. カーン著，浅野栄一・地主重美訳『ケインズ「一般理論」の形成』有斐閣，2006年
- R. ルーカス著，清水啓典訳『マクロ経済学のフロンティア』東洋経済新報社，

1988年
- S. フィッシャー・R. ドーンブッシュ著，広松毅訳『マクロ経済学＜上・下＞』シーエーピー出版，1998・1999年
- T. サージェント著，国府田桂一・榊原健一・鹿野嘉昭訳『合理的期待とインフレーション』東洋経済新報社，1988年
- T.F. ダンバーグ・D.M. マクドウガル著，大熊一郎・宇田川璋仁訳『マクロ経済学－国民所得の測定・理論および安定政策』好学社，1968年

索　引

▬▬ 欧文・数字 ▬▬

45 度線 ………………………… 6, 8
AD-AS 分析 ………………… 195, 201
AK モデル ……………………… 162
CGPI …………………………… 120
CMI ……………………………… 139
CPI ……………………………… 120
GATT …………………………… 132
GDP ……………………………… 20
GDP デフレーター …………… 118
GNP ……………………………… 23
IS-LM …………………………… 18
IS-LM 分析 ……… 5, 14, 16, 85, 195, 201
IS 曲線 ………………… 14, 15, 17, 67
IS 曲線の右方シフト要因 …… 17
J カーブ効果 ………………… 142
J. ロビンソン ………………… 158
LM 曲線 ………………… 15, 17, 80
NI：National Income ………… 23
NNI：Net National Income … 23
NNP：Net National Product … 23
SNA ……………………………… 23
WTO ……………………………… 133

▬▬ あ ▬▬

アジア金融危機 ……………… 139
新しい古典派 …………………… 3
新しいマクロ経済学 ………… 3, 6
アニマルスピリッツ ………… 188
アブソープション …………… 29
粗（グロス：gross）付加価値 …… 23

アンチノミー理論 …………… 153
安定均衡成長理論 …………… 159
イギリスの産業革命 ………… 165
依存効果 ……………………… 181
一時的に変動する部分 ……… 175
一次同次 ……………………… 159
一般均衡 ……………………… 202
イノベーション（技術革新） … 165
インフレ・ギャップ ………… 85
ヴェブレン（衒示的）効果 … 180
オイラー方程式 ……………… 202
黄金時代 ……………………… 158

▬▬ か ▬▬

カール・マルクス …………… 167
外生的要因 …………………… 162
価格分析 ……………………… 2
家計の効用最大化行動 ……… 202
過少消費説 …………………… 167
加速度原理 …………… 153, 168, 190
貨幣 ……………………………… 70
貨幣錯覚 ……………………… 101
貨幣市場 ………………… 13, 15, 16
貨幣需要 ………………… 11, 14, 15, 76
貨幣供給 ……………………… 15
貨幣需要関数 ………………… 12
貨幣数量説 …………………… 213
貨幣的過剰投資説 …………… 166
貨幣の中立性 ………………… 170
貨幣保有の動機 ……………… 74
下方硬直的 …………………… 101
完全雇用成長率 ……………… 155

完全失業者·················· 111
完全失業率·················· 111
企業の利潤最大化行動·········· 202
企業物価指数················ 120
技術進歩·················150, 151
技術進歩率············155, 160, 161
キチンの波·················· 166
規模に関して収穫不変·········· 159
基本方程式·················· 152
金・ドル本位制·············· 132
均衡国民所得················8, 43
均衡予算乗数················· 55
均衡予算乗数の定理············ 55
金本位制···················· 132
金融政策··················17, 87
空間的相対所得仮説············ 177
クラウディング・アウト効果····91, 214
計画支出···················· 7, 8
計画支出関数·················· 8
景気循環··················· 165
経済学の第一の危機············ 212
経済学の第二の危機············ 212
経済厚生··················· 198
経済成長··················· 150
経済成長の不安定性········155, 157
経済成長率···············152, 155
経済発展··················· 150
経常収支··················· 135
計量経済学················· 203
ケインジアン・クロス········6, 15
ケインズの心理法則············· 9
ケインズの投資関数············ 185
限界資本係数············152, 154
限界消費性向················8, 9
限界貯蓄性向················· 62
減価償却···················· 23

現金残高方程式·············· 214
現実支出······················ 7
現実成長率········153, 155, 156, 157, 158
現実の限界資本係数············ 156
減少関数····················· 12
ケンブリッジ方程式············ 214
公開市場操作················· 92
恒常所得··················· 175
恒常所得仮説··············· 175
公定歩合操作················· 92
購買力平価················· 141
効用······················· 198
効用最大化行動·············· 197
合理的期待·············196, 217
国内総生産·················· 20
国民経済計算················· 23
国民純所得·················· 23
国民純生産·················· 23
国民所得···················· 23
国民所得分析················2, 6
国民総生産·················· 23
コスト・プッシュ・
　インフレーション······106, 123
固定資本減耗················ 23
固定的生産係数·············· 158
古典派······················ 3
古典派の第一公準········100, 101
古典派の第二公準········100, 101
コブ＝ダグラス型の生産関数······ 159
雇用・利子及び貨幣の一般理論···· 34

━━ さ ━━

サービス収支················ 135
債券························ 70
財政政策··················17, 86
裁量的財政政策················ 89

サブプライムローン 140
サプライサイド・エコノミックス ... 218
三面等価の法則 24
時間選好率 200
時間的相対所得仮説 177
自然失業率 113
自然失業率仮説 215
自然成長率 153, 155, 157, 158, 161
失業率 111
実際に受領する所得 172
実質 GDP 25
実質 GDP 成長 125
実質貨幣供給量 75
実質為替レート 140
実質賃金 101
実物的過剰投資説 166
実物的景気循環理論 169
自発的失業 100, 113
資本 151
資本収支 135
資本ストック調整原理 190
資本ストックの増加率 161
資本と消費の最適経路 202
資本の限界効率 10, 64
ジュグラーの波 166
純（ネット：net）付加価値 23
乗数理論 153, 168
消費関数 5, 8, 9
消費者物価指数 121
所得収支 135
新古典派の経済成長理論 159
新古典派の成長モデル 158
新古典派投資理論 190
伸縮的生産係数 158
真正インフレーション 106
信用収縮 140

スミソニアン体制 132
生産関数 159
生産物市場 13, 14, 15
生産要素の代替の弾力性 160
セイの法則 3, 4, 5, 155
政府支出乗数 54
制約的景気循環 169
絶対所得仮説 9, 172
総供給 5
総供給曲線（AS 曲線） 103
総産出額 22
総需要 5, 6
総需要管理政策 85
総需要曲線（AD 曲線） 102
相対所得仮説 177
ソロー 159

━━ た ━━

第一公準 108
対前年度比成長率 26, 27
第二公準 108
代表的個人 170
短期波動 165, 166
弾力性 17
地域統合 144
チェンマイ・イニシアティブ 139
中央銀行 87
中間財 22
中間投入財 22
中期波動 165, 166
長期波動 165
貯蓄関数 62, 153
貯蓄率 154, 157, 164
賃金の下方硬直性 110
適応的期待 196
適正成長率 ... 153, 154, 155, 156, 157, 158

デフレ・ギャップ……………………85
デフレスパイラル………………… 123
デマンド・プル・
　インフレーション………… 106, 122
デモンストレーション効果…… 177, 179
動学的確率的一般均衡……………… 197
動学的確率的一般均衡モデル……… 202
動学的変化………………………… 202
投機的動機………………………11, 74
投資関数………………………65, 153
投資収支…………………………… 135
投資乗数……………………………… 53
投資の限界効率…………………… 185
投資の限界効率表………………… 187
投資の調整コスト………………… 191
投資の利子弾力性…………………… 17
投資立国…………………………… 137
トービンの q 理論 ……………… 191
独立投資……………………………… 41
取引動機……………………………10, 74
ドルペッグ制……………………… 139

——— な ———

内生的経済成長理論……………… 162
内生的成長理論………… 159, 162, 164
内生的要因………………… 162, 164
ナイフの刃………………………… 157
ニクソン・ショック……………… 132
ニコラス・カルドア……………… 169
日本的雇用慣行…………………… 116
ニュー・ケインジアン……………… 3
年平均成長率…………………… 26, 27

ハロッド成長モデル……………… 151
ハロッドの成長モデル…………… 158
ハロッドの不安定性原理
　（アンチノミー理論）………… 168
半インフレーション……………… 106
非自発的失業………… 100, 113, 155
必要限界資本係数……… 154, 156, 161
1 人当たり資本の成長率………… 164
微分方程式………………………… 202
ビルト・イン・スタビライザー……89
不安定性原理………………… 153, 168
フィッシャーの交換方程式……… 213
フィリップス曲線………………… 114
フォワードルッキングな行動… 197, 201
複利成長率………………………… 26
物価変動…………………………… 121
部分均衡分析…………………… 13, 14
プラザ合意………………………… 142
ブレトン・ウッズ体制…………… 131
平均消費性向……………………9, 38
平均貯蓄性向……………………… 9
変動所得…………………………… 175
偏微分……………………………… 202
貿易収支…………………………… 135
法定準備率操作……………………… 92
ホートレー………………………… 167

——— ま ———

マクロの一般均衡分析……………… 14
マクロの部分均衡分析……………… 13
摩擦的失業………………… 100, 113
マネタリズム……………………… 213
マルサス…………………………… 167
ミクロ的基礎づけ………………… 202
名目 GDP ……………………………25
名目 GDP 成長 …………………… 125

——— は ———

ハイパワード・マネー………………87
歯止め効果………………………… 177

名目為替レート……………………… 140
名目賃金………………………………… 101

――― や ―――

有効求人倍率………………………… 111
有効需要…………………………5, 9, 14
有効需要管理政策…………………… 198
有効需要の原理…………………4, 5, 6, 34
予想収益率……………………………… 10
予備的動機……………………………11, 74

――― ら ―――

ライフサイクル仮説………………… 173
ラチェット効果……………………… 177
ラッファー曲線……………………… 218
リアル・ビジネスサイクル理論 169, 170

リーマン・ショック………………… 140
利子……………………………………… 10
利子率…………………………………11, 12, 14
流動資産仮説 ………………………… 179
流動性…………………………………… 10
流動性選好………………………10, 12, 14
流動性選好理論……………10, 11, 12, 13, 74
流動性の罠……………………………… 76
労働分配率…………………………… 160
ローマーの成長モデル……………… 162
ロバート・ルーカス…………………… 3

――― わ ―――

割引現在価値…………………………64, 200
ワルラスの法則…………………………71

■執筆者紹介

小淵　洋一（おぶち　よういち）　　　　　　　　編集，はしがき，第1章，第11章
1942年生まれ。
明治大学大学院政治経済研究科博士課程単位取得。城西大学経済学部教授，現代政策学部教授を経て，現代政策学部客員教授。

江良　亮（えら　あきら）　　　　　　　　　　　第2章，第8章，第14章
1971年生まれ。
早稲田大学大学院社会科学研究科博士課程修了。博士（学術）。城西大学経済学部非常勤講師。

野口　憲一（のぐち　けんいち）　　　　　　　　第3章，第4章
1946年生まれ。
明治大学大学院政治経済研究科博士課程単位取得。明治大学行政研究所講師，私立小松原高校教諭を経て，城西大学現代政策学部非常勤講師。

庭田　文近（にわた　ふみちか）　　　　　　　　第5章
1971年生まれ。
立正大学大学院経済学研究科博士後期課程修了。博士（経済学）。城西大学現代政策学部助教を経て，現代政策学部准教授。

栁下　正和（やなぎした　まさかず）　　　　　　第6章，第7章，第13章
1969年生まれ。
中央大学大学院経済学研究科博士後期課程単位取得。城西大学経営学部助教を経て，経営学部准教授。

孫根　志華（そね　しか）　　　　　　　　　　　第9章，第10章
1962年生まれ。
明治大学大学院政治経済研究科博士課程修了。博士（経済学）。城西国際大学経営情報学部講師を経て，城西国際大学人文学部准教授。

大水　善寛（おおみず　よしひろ）　　　　　　　編集，第12章，第15章
1949年生まれ
九州産業大学大学院経済学研究科博士後期課程修了。博士（経済学）。城西大学経済学部教授を経て，経済学部客員教授。

コンテンポラリー　マクロ経済学

2016年8月1日　第1版第1刷発行

編著者　小　淵　洋　一
　　　　大　水　善　寛
発行者　山　本　　　継
発行所　㈱中央経済社
発売元　㈱中央経済グループ
　　　　　パブリッシング

〒101-0051　東京都千代田区神田神保町1-31-2
電話　03 (3293) 3371 (編集代表)
　　　03 (3293) 3381 (営業代表)
http://www.chuokeizai.co.jp/
印刷／文唱堂印刷㈱
製本／㈱関川製本所

© 2016
Printed in Japan

＊頁の「欠落」や「順序違い」などがありましたらお取り替えいたしますので発売元までご送付ください。(送料小社負担)
ISBN978-4-502-19511-2　C3033

JCOPY〈出版者著作権管理機構委託出版物〉本書を無断で複写複製(コピー)することは,著作権法上の例外を除き,禁じられています。本書をコピーされる場合は事前に出版者著作権管理機構(JCOPY)の許諾を受けてください。
JCOPY〈http://www.jcopy.or.jp　e メール：info@jcopy.or.jp　電話：03-3513-6969〉

ベーシック+プラス
Basic Plus

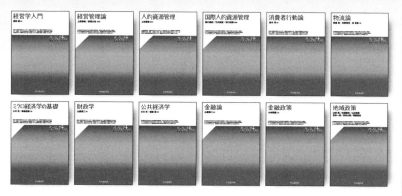

経営学入門	人的資源管理	経済学入門	金融論	法学入門
経営戦略論	組織行動論	ミクロ経済学	国際金融論	憲法
経営組織論	ファイナンス	マクロ経済学	労働経済学	民法
経営管理論	マーケティング	財政学	計量経済学	会社法
企業統治論	流通論	公共経済学	統計学	他

いま新しい時代を切り開く基礎力と応用力を
兼ね備えた人材が求められています。
このシリーズは，各学問分野の基本的な知識や
標準的な考え方を学ぶことにプラスして，
一人ひとりが主体的に思考し，行動できるような
「学び」をサポートしています。

Let's START!
学びにプラス！
成長にプラス！
ベーシック＋で
はじめよう！

中央経済社